길에서
쉬다

일러두기

이 책의 여행정보란에는 길에 대한 난이도를 별표(★)로 표시했습니다. 난이도는 걷기를 좋아하는 성인을 기준으로 했으나 절대적인 것은 아닙니다. 난이도를 풀이하면 대략 이렇습니다.

★는 아이들도 쉽게 갈 수 있는 정도로 편한 길입니다.
★★는 성인이 편하게 걸을 수 있는 길입니다.
★★★는 2~3시간 이상 걸어야 하고, 군데군데 팍팍한 오르막도 있습니다.
★★★★는 산을 오르는 것과 같이 꽤 힘든 코스입니다.
★★★★★는 길이 없는 오지이거나 로프 같은 안전장비가 필요한 곳입니다.

길에서 쉬다

글·사진 김산환

꼭 한 번
다시 걷고 싶은
우리길

꿈의지도

프롤로그

걷는 게 쉬는 것이라 믿는 이들에게 주는
작은 위안

대학을 마칠 무렵, 큼지막한 배낭을 메고 지리산을 올랐다. 그로부터 48일 뒤 어둠이 산마루를 뒤덮은 저녁에 진부령으로 내려섰다. 그게 나의 첫 백두대간 종주였다. 그때 왜 그렇게 힘들게 백두대간을 종주했는지는 지금도 이해가 되지 않는다. 왜 그랬을까. 하지만 분명한 게 있다. 그때 48일간 백두대간을 종주했던 것이 내 인생에서 가장 값진 일 가운데 하나라는 것을.

그 후로도 참 많이 걸었다. 첫 직장으로 등산잡지에 몸담으면서 한 달에 열흘은 산에 살았다. 힘든 잡지 마감을 마치면 다시 배낭을 메고 산으로 갔다. 그게 나에게는 쉬는 일이었다. 사랑에 빠졌을 때도 산에 있었다. 종로에서 만나자는 데이트 약속에 키보다 머리 하나는 더 올라오는 배낭을 메고 땀에 절어 나타나곤 했다. 그 시절 나는 '산 사나이'인 내가 자랑스러웠다. 사랑을 잃고 절망할 때도 산에 있었다. 비가 부슬부슬 내리는 이른 봄, 경주 남산 산길을 걸어 돌부처를 찾아다니면서 애끓는 속을 털어냈다. 작은 문학상 시 부문에 당선됐다는 소식도 산에서 들었다. 그때 쓴 시도 산행에 관한 것으로 기억한다.

 나는 지금도 걷고 있다. 걷고 있을 때 살아있음을 느낀다. 땀방울이 비 오듯이 쏟아지고, 장딴지가 팍팍할 때면 가슴 속에는 벅찬 희열이 솟는다. 금방 고꾸라질 만큼 숨이 차오를 때도 걷는 일을 멈추고 싶지 않다. 힘이 닿는다면 고갯마루나 정상에 오른 후 쉬고 싶다. 세상이 내려다보이는 곳에

내 몸을 부려놓고, 그 풍경을 보면서 말이다. 나에게 길을 걷는다는 것은 몸으로 세상을 익히는 일이었다. 나는 길을 걸으며 세상을 알았다. 내 삶에 던지는 물음도 길에서 주웠다. 그리고 또, 길 위의 인생을 살다간 사람들을 사랑했다. 방방곡곡에 전설을 남긴 고운 최치원이나 일생을 바쳐 이 땅을 두루 밟아 대동여지도를 만들었던 고산자 김정호, 신앙을 전파하기 위해 조선팔도를 세 번이나 훑고 다니다 문경새재에서 쓰러져 흙이 되었다는 한 선교사… 그들 모두가 나의 스승이고, 내가 동경하는 사람들이었다.

    길은 내가 일부러 찾아 나선 것이 아니었다. 길이 나에게로 왔다. 이 땅에 사람이 존재하던 태초부터 있던 길이 나에게 손을 내밀었고, 나는 그 길을 따라가 다른 세상을 만났다. 이 땅에는 무수히 많은 길들이 있었다. 마을과 마을을 잇는 큰 길도 있고, 밤마다 도깨비가 튀어나와 놀라게 한다는 전설이 있는 고개도 있었다. 밭을 매러 가는 고샅길도 있었고, 산에 나무를 하러 다니던 토끼길도 있었다. 불과 수십 년 전만 해도 크고 작은 그 많은 길들은 서로 거미줄처럼 연결돼 있었다. 마을 뒷산에서 산을 타고 가면 백두대간을 거쳐 백두산에 이르듯이, 모든 길은 하나로 이어져 사람과 사람을, 이야기와 이야기를 이어주는 가교 역할을 했다.

그러나 가지 않는 길은 지워진다. 문명의 편리에 기댄 사람들이 길을 걷지 않으면서, 그 길을 따라 거닐던 사람들이 하나둘씩 떠나면서 길은 하나둘씩 지워졌다. 이제는 칡덩굴이 뒤엉켜 영영 거닐 수 없게 되어버렸다. 길이 사라진다는 것은 기억도 사라진다는 것을 뜻한다. 그 길에 스민 숱한 이야기와 삶의 애환도 함께 지워진다. 오늘의 우리를 있게 했던 그 시절의 것들도 함께. 그래서 조금은 서글프다.

그동안 걸었던 길 가운데 사람들과 함께 나누고 싶은 길을 모아봤다. 이 길만큼은 오래오래 남아서 많은 사람들의 사랑을 받았으면 한다. 나는 이 길을 우리 길이라 부르기로 했다. 먼먼 시간부터 삶의 일부로 함께 했던 길들, 사연이 있고, 애환이 있고, 추억이 있는 길들을 모아 걷기를 좋아하는 사람들에게 조용조용 들려주고 싶었다. 그래서 많은 사람들이 걸으며 쉴 수 있게 말이다. 이 책이 이전과는 다른 삶으로 내몰린, 뉴노멀(New Normal) 시대를 살아갈 많은 이들에게 작은 위안이 되기를 소망한다.

2020년 7월
김산환

목차

강진, 다산초당 ※ 귤동마을~다산초당~백련사
벗에게 가는 길
12

고창, 선운산 ※ 선운사~도솔암~천마봉
동백은 지고 미당의 시는 절창으로 남고
26

해남, 두륜산 일지암 ※ 유선관~대흥사~일지암
차의 향기를 좇아 산길을 더듬다
42

완도, 청산도 ※ 도청리~당리~신흥리
봄의 왈츠 속으로
54

순천, 조계산 굴목이재 ※ 승선교~선암사~편백숲~굴목이재~송광사
꽃절을 찾아 고개를 넘다
68

장성, 축령산 편백숲 ※ 금곡마을~산림치유필드~조림비
나무 심는 사람이 베풀고 간 축복
82

임실, 섬진강 ※ 장산~진메~천담~구담~장구목
강물 따라 흐르는 시의 선율
96

부안, 변산 직소폭포 ※ 원암마을~재백이재~직소폭포
절창은 폭포가 되어 쏟아진다
110

인제, 점봉산 곰배령 ※ 설피밭~강선마을~곰배령
천상의 화원으로 가는 원시의 숲
124

인제, 아침가리골 ※ 진동산채가~뚝발소~조경교
길도 마을도 없는 저 깊은 오지
138

정선, 운탄고도 화절령 ※ 하이원리조트~화절령~도롱이못 148
총각들 꽃 꺾기 내기하던 고개

평창, 선자령 ※ (구)대관령휴게소~새봉 전망대~선자령 162
끝없는 초원 펼쳐진 바람의 언덕

평창, 오대산 선재길 ※ 월정사~오대산장~상원사 176
오대 암자를 잇던 천년의 길을 걷다

울진, 금강소나무숲길 ※ 소광리 금강송펜션~너삼밭~오백년 소나무 190
낙동정맥 깊은 품에 솟은 결 곧은 기상

문경, 문경새재 ※ 1관문~2관문~3관문~조령산자연휴양림 202
맨발로 걸어 넘는 아리랑 고개

문경, 하늘재 ※ 문막~하늘재~미륵대원지 216
망국의 한 안고 마의태자가 넘던 백두대간 첫 고개

봉화, 청량산 ※ 입석~어풍대~하늘다리~청량사~입석 228
바위 병풍 속 푸른 절을 찾아

영양, 왕피천 ※ 오무~한천~오무 240
청정한 산골을 누비며 흐르는 쉼 없는 물길

청송, 주왕산 ※ 대원사~주왕암~1폭포~2폭포~3폭포~내원동 250
거기에, 내원동이 있었다

예산, 덕숭산 ※ 수덕사~소림초당~만공탑~정혜사 264
시대의 선승 만공, 그가 걸어간 만행의 길

강진,
다산초당

벗에게 가는 길

※ 귤동마을~다산초당~백련사

　구강포에 노을이 내려앉는 저녁. 다산은 초당을 나선다. 숲이 우거진 초당에는 이미 어둠이 깔렸다. 천일각을 돌아서 산길로 접어든 다산은 조심스러우면서도 빠른 발걸음으로 고개를 넘는다. 어디선가 뻐꾸기가 운다. 등줄기에 서늘한 땀방울이 흐른다. 날은 완전히 어두워졌다. 희미하게 들리던 목탁소리가 한결 뚜렷하다. 무언가 발길에 차인다. 다산은 어둠 속에서도 그게 무엇인지 안다. 동백꽃이다. 몽우리째 떨어져 뒹구는 동백꽃을 밟고 있는 것이다. 다산은 짚신 속의 버선이 또 꽃물이 들어 붉게 변해 있을 것도 안다. 다산은 조용히 대나무로 짜 만든 사립을 밀치고 들어선다. 어둠 저편에서 누군가 미소를 짓고 있다. 다산은 그가 누구인지도 안다. 그가 잰걸음으로 다가와 다산의 손을 잡는다. 혜장스님이다. 다산에게 차를 가르쳐준 스승이자 세상을 논하는 벗이다. 혜장은 다산을 선방으로 이끈다. 이제부터 둘의 이야

동백나무숲 사이로 난 백련사 가는 길. 봄이 깊어지면 길 위에 몽우리째 뚝뚝 떨어진 동백꽃이 지천이다.

기는 달이 기울도록 이어질 것이다.

    살다 보면 평생 벗하고 싶은 사람 하나 있다. 진심 어린 마음으로 상태를 바라볼 줄 아는 사람. 추사 김정희와 초의선사가 나눈 우정처럼, 사심 없이 예로 존중할 줄 알고, 마음으로 위로할 줄 아는 그런 벗이 그리울 때가 있다. 봉건국가의 몰락과 새로운 세상에 대한 염원이 교차하는 조선 말기에 만난 다산 정약용(1762~1836)과 혜장(1772~1811). 두 사람은 나이와 신분, 사상과 종교가 달랐지만 무덤까지 가져가고 싶은 우정을 나눴다. 때로는 허물없는 친구이기도 했고, 때로는 스승이기도 했다. 강진 만덕산 자락의 초당과 백련사에 기거하며 차와 함께 우정을 나누던 다산과 혜장의 묵은 된장 같은 이야기는 언제 들어도 가슴을 치는 감동이 있다. 또 남녘에서 봄기운이 무르익을 때면 백련사의 동백꽃도 불심처럼 빨갛게 타올라 봄나들이를 재촉한다.

    다산 정약용은 시대가 무엇을 원하는지를 꿰뚫어 본 위대한 학자다. '개혁군주' 정조와 함께 배다리를 만들고, 수원성을 축조하며 실학을 꽃 피운, 조선 후기 실학의 정점에 섰던 사람이다. 다산이 현실에서 구현하려 했던 실학은 뜬구름 잡는 게 아니었다. 봉건적인 질서로는 더 이상 세상을 유지할 수 없다는 깨달음으로 인한 실천이었다. 암행어사가 되어 경기도를 잠행하면서 목도한, 수탈과 굶주림에 피폐해진 민중들에 대한 측은지심이었다.

    다산은 신유박해 때 강진으로 유배되면서 17년간 귀양살이를 했다. 유배는 단순히 한양에서 먼 곳으로 떠나보내는 것을 의미하지 않는다. 당시 권력층에게 유배는 정치적 사형선고나 마찬가지였다. 더욱이 다산이 귀양지에서 보낸 17년은 강산이 두 번 변할 만큼 긴 세월이다. 신념을 꺾고 기득권에 항복하거나 아니면 정신을 놓아버릴 만큼 가혹한 시간이다. 그러나 다산은 결코 시대에 굴하지도, 마음을 놓지도 않았다. 오히려 자신을 더욱 다그쳐 《목민심서》와 《경세유표》 같은 역사에 길이 남을 500여 권의 책을 집필했다. 그에게 내려진 가혹한 형벌이 오히려 자신의 사상을 벼리는 자양분으로 활용된 것이다.

이처럼 다산이 마음의 심지를 올곧게 세울 수 있었던 힘 가운데 하나가 혜장에게 배운 차다. 차는 다산에게 더없는 벗이었다. 그는 여유당에서 다산(茶山)으로 호를 바꿀 정도로 차를 좋아했다. 다산은 혜장과 함께 차를 마시러 산길을 오갔고, 다성(茶聖)이라 불리는 해남 두륜산 일지암의 초의선사와도 교분을 나눴다. 초의는 햇차를 덖으면 거르지 않고 다산에게 보냈다. 다산의 차 사랑은 후학들에게도 이어졌다. 다산이 유배에서 풀려나 남양주로 돌아간 뒤에도 그의 18제자들은 다신계(茶信契)를 맺어 해마다 햇차를 스승에게 보냈다.

다산이 유배 생활을 하던 곳은 강진 만덕산 중턱에 자리한 초당이다. 다산은 이곳에서 15년을 지내며 실학을 꽃피웠다. 그러나 유배된 선비의 가슴에 어찌 회한이 없었으랴. 그런 유배의 고초와 회한을 달래준 것이 차와 혜장이다. 다산은 심사가 울적할 때마다 산길을 달려 백련사의 혜장을 찾았

1 **1** 다산 정약용이 15년간 유배 생활을 했던 다산초당. 온종일 햇살이 얼씬도 못 하는 숲 그늘에 있다.
2 **2** 다산초당으로 올라가는 길에 드러난 편백 뿌리. 헝클어진 머리칼처럼 얽히고설켜 있다.

다. 다산초당과 백련사는 산길로 1km. 혜장은 어둠을 틈타 산길을 더듬어 온 다산을 따뜻하게 맞아주었다. 혜장이 권하는 차 한 잔은 다산의 마음 속 끓는 분노를 달래줬다. 신분을 떠나 혜장과 진솔하게 주고받는 이야기는 새로운 세상에 대한 그의 열망을 더욱 굳게 했다. 그들이 그렇게 만나 마음을 나누던 오솔길이 지금도 남아 있다. 이 길을 따라 거닐다 보면 시대에 고뇌하던 다산의 마음이 헤아려진다.

다산초당과 백련사를 잇는 오솔길은 귤동마을에서 시작된다. 귤동마을 주차장에서 만덕산을 향해 가면 조금 가파른 길이 기다리고 있다. 편백 뿌리가 뒤엉켜 계단을 이룬 길이다. 이 길을 따라 다산초당으로 가는 길은 계절이 없다. 주변이 온통 침엽수와 대나무로 뒤덮여 사시사철 푸르다. 한 시대의 증인으로 남은 다산의 표상처럼 푸른 깃발 같은 나무들이 헌걸찬 숲을 이루고 있다. 다산초당으로 가는 계단 오른편에는 천진스런 표정을 하고 있는 동자석 두 기가 마주보고 있는 묘가 있다. 다산이 유배에서 풀려 돌아간 후에도 다신계를 맺어 해마다 햇차를 다산에게 보내주던 18제자 가운데 한 명인 윤종진의 묘다. 남도의 묘는 이처럼 앙증맞은 표정의 동자석으로 장식하는 게 특징이다.

다산초당은 한낮에도 짙은 숲 그늘에 묻혀 있다. 다산이 정석(丁石)이란 글귀를 새긴 바위도, 대나무 대롱으로 물줄기가 돌돌 흘러내리는 작은 연못에도 초록 그늘이 드리웠다. 사람들은 다산이 머물던 초당의 툇마루에 걸터앉아 땀을 식히며 생애 한 시절을 이곳에 의지했던 다산의 삶을 떠올려

다산초당에서 백련사로 가는 숲길은 아늑하다. 활엽수가 이룬 깊은 숲속으로 난 길은 백련사 혜장스님을 만나러 가는 다산 정약용의 마음을 헤아리며 걷기 좋다.

: 강진, 다산초당

본다.

　　다산초당에서 오른쪽으로 두어 걸음 보태면 천일각이다. 다산초당 주변에서 유일하게 전망이 트인 곳이다. 정자에 오르면 강진 땅을 깊숙하게 치고 들어온 구강포가 한눈에 보인다. 이전에는 진득한 갯벌이 코앞까지 펼쳐졌다지만 지금은 간척사업으로 광활한 들녘이 그 자리를 대신하고 있다.

　　천일각부터 다산과 혜장의 마음을 잇는 오솔길이 시작된다. 이곳에서 백련사까지는 800m. 너무 길지도, 또 짧지도 않은 길이다. 야트막한 고개를 넘어 15분이면 백련사에 닿는다. 산길은 산자락을 가로질러 나 있기 때문에 마지막의 야트막한 고개를 제외하면 높낮이가 거의 없다. 오솔길은 여전히 숲 그늘에 있다. 요즘이야 간벌 작업을 벌여 숲이 조금 트였지만 이전에는 칠흑처럼 어두운 숲으로 길이 나 있었을 것이다. 어쩌면 그런 깊은 숲이 있어 다산이 사람들의 눈을 피해 백련사를 찾을 수 있었는지도 모를 일이다.

　　고개를 넘어 백련사의 영역에 들면 동백숲이 반긴다. 수령 300년 이상을 헤아리는 아름드리 동백나무가 군락을 이루고 있다. 선운사나 여수 동백섬과 쌍벽을 이룰 만큼 울창한 숲이다. 특히, 여염집 대들보보다 굵은 동백나무들이 만든 숲은 무성하면서도 운치가 있다. 해마다 3월이면 나뭇가지마다 붉게 피어난 동백꽃이 등불처럼 환하게 빛난다. 그 숲에 단정한 부도 4기가 있다.

　　동백숲을 빠져나오면 백련사다. 백련사는 신라 문성왕 1년(839년) 무염

1	
	2
	3

1 다산초당에서 고개를 넘으면 우거진 숲 사이로 백련사가 보인다. 백련사는 작은 절이지만 고려 시대 불교개혁을 주도했던 역사 깊은 절이다. **2** 강당 겸 정자인 백련사 만경루의 창 너머로 밀려든 녹음. 이곳에서 바라보는 구강포 바다 풍경이 근사하다. **3** 백련사 동백나무숲은 천하일품이다. 수령 300년 이상 된 동백나무숲은 봄이면 등불을 밝혀놓은 것처럼 숲이 환하다.

강진, 다산초당

선사가 창건했다. 고려 명종 때 원묘국사가 중창한 후 백련결사를 주도하며 사세를 크게 떨쳤다. 백련결사는 귀족 중심의 불교에서 벗어나 대중 속으로 들어가자는 불교개혁 운동의 하나로 송광사에 자리했던 조계종 수선사와 함께 고려 후기 불교 수행결사의 양 갈래를 이루었다. 그러나 백련사는 고려 후기와 조선 초 왜구의 잦은 노략질로 폐허가 됐다. 세종 때 다시 복원된 후 조선 후기에는 8대사를 배출하며 선승도량으로 이름을 날렸다. 유교와 불교를 떠나 다산과 따뜻한 우정을 나눴던 혜장선사도 8대사 가운데 한 분이다.

백련사에서 눈여겨볼 것은 대웅보전 편액. 추사 김정희와 악연(?)을 쌓은 원교 이광사가 쓴, 지렁이가 기어간 것처럼 구불구불하면서도 획이 기름진 서체가 일품이다. 서예에 뜻이 없는 이도 첫눈에 명필이란 것을 알 수 있다. 만경루 안에 걸린 만경루(萬景樓)도 동국진체를 완성한 원교 이광사의 글씨다.

정자 겸 강원인 만경루에 앉으면 구강포가 펼쳐진다. 참 탁월한 조망이다. 다산은 이곳에서 혜장에게 차 한 잔 얻어 마시며 세상사를 논하고, 들끓는 속을 달랬을 것이다. 동백꽃이 붉은 날이면 두 선각자는 오는 봄을 화두로 삼아 이야기꽃을 피웠을 것이다. 만경루 앞마당에 서 있는 느티나무 고목의 가지마다 붉은 잎들이 반짝이면 한 해가 저무는 것에 대한 회한도 주고받았을 것이다.

백련사를 찾은 기쁨은 만경루 밑 계단 왼편에 자리한 찻집에서도 맛볼 수 있다. 백련사는 녹차도 알아주지만 연차(蓮茶)도 이름났다. 한여름에 꽃을 틔우는 연꽃을 이용해 만든 연차는 초가을에 햇차가 나온다. 녹차와는 절기가 반대다. 연차를 만드는 일은 이른 새벽 연꽃이 열릴 때 덖은 녹차를 꽃 속에 넣어주는 것으로 시작한다. 오후 2시가 되면 연꽃은 꽃잎을 닫는다. 이 봉우리를 따서 밀봉한 후 급속 냉동을 한다. 냉장고가 없던 예전에는 봉우리를 딴 채로 보관하다 차를 끓여 먹었다. 그러나 요즘은 냉동기술이 발달해 몇 달이고 향과 맛을 지킬 수 있게 됐다. 어쨌든 봉우리가 열리고 닫힌, 하루라는 짧은 시간 동안 연꽃은 녹차의 향을 흡수해 독특한 맛을 내는 것이다. 연차는 연꽃의 산뜻한 향과 녹차의 싱그러운 맛이 어울려 차 중에 최고로 친다.

연차는 백련사에서 백련차라 불린다. 연꽃 하나면 스무 명쯤 마실 수 있는데, 연차를 우려내는 과정이 또 예술이다. 연꽃을 큰 사발에 넣고 연꽃이 잠길 만큼 뜨거운 물을 붓는다. 꽃잎을 한 겹 한 겹 벗겨나가면 녹차와 꽃대가 나온다. 녹차는 건져내고 그 위에 가득 뜨거운 물을 붓는다. 은은한 향기가 퍼질 때면 사발 속에 보름달처럼 환한 연꽃이 핀다.

백련차의 향기에 취하고 나면 돌아갈 시간이다. 아쉽게도 다산초당으로 가는 교통편은 없다. 다시 오솔길을 걸어 다산초당까지 돌아가야 한다. 차 한 잔 얻어 마시며 세상사를 논한 다산이 그랬던 것처럼 다산초당으로 발길을 놀려야 한다. 그 길에서 다시 한 시대를 풍미한 두 선각자를 떠올리는 것을 잊지 말자.

info.

위치 전남 강진군 도암면 만덕리 귤동마을 **교통** 자가운전, 버스 **코스&소요시간** 다산초당~천일각~백련사 왕복 2시간 **난이도** ★★☆☆☆ **추천 계절** 봄~가을 **문의** 강진군 문화관광과 (061-430-3807)

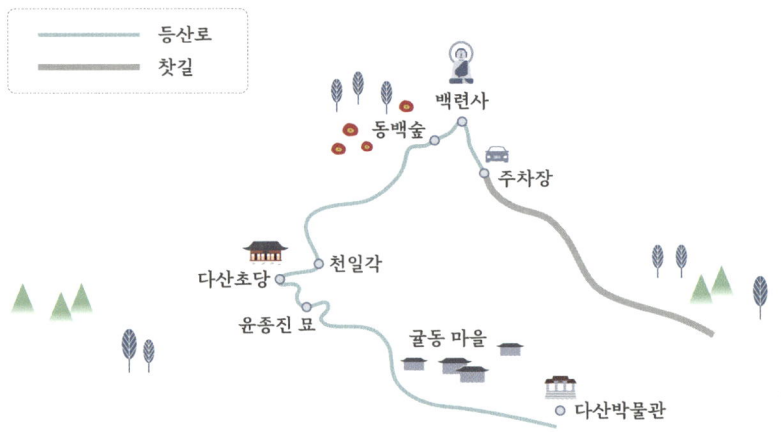

✽ 길라잡이

다산초당과 백련사를 잇는 길은 아주 편하다. 귤동마을~다산초당~백련사는 1.5km. 왕복해도 2시간이 채 안 걸린다. 아이들도 부담 없이 걸을 수 있다. 특히, 숲 그늘이 짙은 길이라 여름에도 녹음에 젖어 걸을 수 있다. 그러나 가장 좋을 때는 이른 봄. 백련사의 동백꽃이 환하게 피어났을 때 걷는 게 좋다. 돌아올 때도 같은 길을 이용한다.

✽ 가는 길

서해안고속도로 목포IC로 나와 목포순천 고속도로를 따라가면 강진읍이다. 강진읍에서 우회전해서 해남으로 가는 18번 국도를 따라 1.7km 가면 호산 교차로다. 이곳에서 좌회전해서 5km 가면 백련사 입구, 조금 더 가면 다산초당이 있는 귤동마을이다. 서울 출발 기준 5시간.

✻ 맛집

강진은 남도에서도 맛집이 많기로 소문난 고장이다. 강진읍 내에 있는 둥지식당(061-433-2080)은 30년 넘게 한정식을 내고 있는 집이다. 강진만에서 나는 싱싱한 해산물을 비롯한 30여 가지 음식이 나온다. 한 상 제대로 받았다는 느낌을 준다. 음식은 가격에 따라 가짓수가 달라진다. 4인 기준 10만~16만 원. 동해회관(061-433-1180)은 '바다의 추어탕'이라 불리는 짱뚱어 요리를 전문으로 한다. 해장국처럼 시원하게 끓여내는 짱뚱어탕을 비롯해 전골, 구이 등 다양한 요리가 있다. 짱뚱어탕 8,000원, 짱뚱어구이 3만5,000원. 탐진강에 자리한 목리장어센터(061-432-9292)는 전국에서 손꼽는 장어구이집이다. 지금도 많지는 않지만 자연산 장어를 내놓기도 한다. 장어 양념구이 1인분 2만 원.

✻ 숙박

강진읍에는 플라워모텔(061-434-6606), 벨라지오(061-433-0570) 등이 있다. 농촌 테마마을로 인기가 있는 성전면 청자골 달마지마을(www.dalmage.go2vil.org)에는 가영민박(061-432-5232)을 비롯한 남도의 전통 한옥에서 머물 수 있는 민박이 8채 있다.

✻ 볼거리

강진읍에는 시인 김영랑 생가가 있다. 전라도의 맛깔스런 사투리를 이용해 감칠맛 나는 시를 쓴 대표적인 시인이다. 읍내 복판에 있지만 초가로 지어 정감이 간다. 영랑은 서울 휘문의숙 3학년 재학시절 3·1운동이 일어나자 고향으로 내려온다. 1930년 박용철 정지용 정인보 등 과 '시문학'지를 창간하고, 〈모란이 피기까지는〉, 〈누이의 마음아 나를 보아라〉 등 30여 편의 작품을 발표하면서 문단의 주목을 받았다. 대구면에는 고려청자 도요지가 있다. 이곳에서 고금도와 신진도를 거쳐 완도까지 다리가 연결되어 있어 드라이브 여행을 할 수 있다. 월출산에 깃댄 무위사(사진)는 호젓한 절집 분위기도 좋고, 600년을 넘긴 극락전(국보 제 13호)도 볼만하다.

고창,
선운산

동백은 지고
미당의 시는 절창으로 남고

* 선운사~도솔암~천마봉

미당 서정주(1915~2000). 그가 없었다면 선운산이 있었을까? 그가 아니었다면 선운사와 선운산이 이토록 세인들의 사랑을 받았을까? 그가 도타운 전라도 사투리로 읊은 〈선운사 동구洞口〉라는 시가 없었다면 봄날 그 많은 상춘객이 선운사로 몰려갈까?

선운사 골째기로

선운사 동백꽃을 보러 갔더니

동백은 아직 일러 피지 안했고

막걸리집 여자의 육자배기 가락에

작년 것만 상기도 남았습니다

그것도 목이 쉬어 남았습니다

선운사 부도밭을 감싼 야트막한 담장 너머로 녹음이 우거졌다.
저 깊은 푸름 속에 있는 것만으로도 머릿속이 맑아진다.

이 시는 읽을 때마다 감칠맛이 난다. 한마디로 절창이다. 골짜기가 아니라 골째기여서 좋다. 막걸리집 여자의 육자배기는 들어본 적이 없지만 시를 읽다 보면 유성기를 틀어놓은 것처럼 그 육자배기가 들리는 것 같다. 계절이 일러 피지 않은 동백. 그러나 육자배기를 뽑는 여자의 상기된 얼굴이 동백꽃과 오버랩된다.

전북 고창 선운산(345m)은 미당의 자취가 있어 즐겁다. 동백꽃이 몽우리째 떨어지는 봄날도 좋지만 숲이 곱게 분칠한 여인처럼 붉은 가을도 뒤지지 않는다. 신록이 도솔계곡을 따라 흘러가는 오월도 좋고, 꽃무릇이 붉은 융단을 깔아놓은 것처럼 온산을 뒤덮는 한가위도 좋다. 함박눈 펄펄 날리는 12월은 또 어떤가. 언제 가도 좋은 산, 바로 선운산이다.

이 산은 사연도 많다. 갑오농민전쟁의 지도자 손화중이 도솔암 마애불에서 비결서를 꺼내 새로운 세상에 대한 염원에 불을 지폈다. 신라의 진흥왕은 왕위를 버리고 이 산의 굴에서 도를 닦았다는 전설도 있다. 또 용이 하늘로 승천하면서 뚫고 지나간 바위도 있다. 상도솔암에는 예나 지금이나 복을 비는 민초들의 발길이 끊이질 않는다. 왜 선운산에는 이토록 많은 이야기가 전해지는 걸까. 그것은 아무래도 범상치 않은 이 산의 자태 때문이다. 선운산은 예부터 '호남의 금강산'이라 불렸다. 무슨 무슨 금강이라 붙은 산들은 하나같이 산세가 험하거나 바위 봉우리로 되어 있다. 선운산도 마찬가지다. 선운산에서 가장 험한 천마봉에 올라보면 기묘한 선운산의 산세를 한눈에 알 수 있다. 그러나 험한 바위들은 위협적이지 않다. 그 바위들은 저 혼자

잘난 체하지 않고 찾는 이에게 그 품을 내어준다. 누구라도 오르고 싶은 이가 있다면 정상을 허락한다. 바위로 깎아지른 천마봉도 용문굴을 통하면 크게 힘들이지 않고 오를 수 있다.

선운산을 이루는 봉우리들은 높이가 300~400m 내외다. 높이로만 따지면 참 보잘 것 없다. 그러나 도솔계곡을 가운데 두고 말굽쇠 모양으로 돌아나간 능선에 빼어난 바위 봉우리가 이어져 결코 낮다는 느낌은 들지 않는다. 특히, 녹음 속에서 걸으며 쉴 수 있는 도솔계곡은 선운산의 품이 얼마나 포근하고 넉넉한지를 유감없이 보여준다. 뛰어난 산세와 전설 깃든 유적지, 아늑한 도솔계곡, 이것들이 어울려 선운산을 명산의 반열에 오르게 했다. 선운산을 돌아보는 길은 한 갈래다. 선운사에서 도솔계곡을 따라 도솔암까지 간다. 도솔암에서 상도솔암과 미륵불을 본다. 여기까지는 기본이다. 산길이 조금 가팔라지는 천마봉은 '옵션'이다. 선운사에서 왕복 3~4시간 거리다. 선운사로 돌아내려올 때는 적당히 피곤기가 몰려온다.

선운사 하면 우선 동백꽃을 떠올리는 이들이 많다. 대웅전 뒤편 숲에 자리한 동백나무 군락은 꽃이 만개하면 수만 개의 연등을 달아놓은 것처럼 환하게 빛난다. 4월 중순부터 말까지 절정을 이루는데, 이때는 선암사 가는 길이 사람들로 넘쳐난다. 동백은 꽃이 질 때면 꽃잎이 날리는 것이 아니라 몽우리째로 진다. 동백꽃이 지는 모양을 보고 이곳에서 태어나고 묻힌 시인 서정주는 '눈물처럼 지는 꽃'이라고 불렀다. 그의 시비는 선운사로 드는 길에 있다.

일주문을 지나면 만고풍상을 다 겪은 단풍나무들이 도솔천을 따라 늘어서 있다. 이 나무들은 계절마다 빛깔을 달리하며 사람들을 반겨준다. 심지어 낙엽이 진 한겨울에는 헐벗은 가지를 도솔계곡에 비춰 한 폭의 추상화처럼 연출한다. 단풍나무 길이 시작되는 곳의 왼편은 전나무가 늘씬하게 치솟은 숲이다. 이 숲 가운데 부도밭이 자리한다. 사람들은 여러 기의 부도 가운데 백파선사의 부도를 주목한다. 백파선사는 조선 후기 선(禪) 사상을 크게 일으킨 선승이다. 백파선사는 당대의 거목 추사 김정희와 칼끝을 겨누는 듯한 치열한 논쟁을 벌인 주인공이기도 하다. 그러나 두 사람은 논쟁을 벌일 때는 원수 보듯 했지만 차로서 예의를 지키는 것도 잊지 않았다. 백파는 해마다 햇차를 추사에게 보내주었고, 추사는 백파가 덖어 보내주는 차의 맛이 제일 좋다고 입에 침이 마르도록 칭송했다.

도솔계곡을 따라 본격적인 걷기에 나서기 전에 선운사부터 들른다. 선운사는 신라 진흥왕이 세웠다고도 하고 백제 위덕왕 24년(577년)에 검단선사가 창건했다고도 한다. 전설에 따르면 진흥왕이 왕위를 버리고 진흥굴에 머무는 데 하루는 꿈에 미륵삼존불이 바위를 가르고 나오는 것을 보고 깨달은 바가 있어 선운사를 세웠다고 한다. 선운사 창건 전설의 또 다른 주인공인 검단선사는 진흥왕보다 두 해 후에 이곳에 와서 진흥굴과 용문굴에 있는 도적들을 교화시켜 소금 만드는 법을 가르쳤다고 한다. 도적들은 크게 감동하여 해마다 소금을 선운사에 시주했고, 그 전통은 지금까지 이어져 개이빨봉 너머에 있는 삼양염전에서 해마다 이 절에 소금을 보낸다고 한다. 조선

| 1 |
| 2 |

1 선운사 부도밭은 사색하기 좋다. 부도밭을 거닐며 조선 후기 선사상을 크게 일으킨 백파선사 부도를 찾아보는 일도 뜻깊다. **2** 선운사 대웅보전 뒤편에는 서정주 시인이 절창으로 부른 동백숲이 있다.

선운사 앞을 흐르는 도솔천에 물든 녹음. 봄부터 가을까지는 초록 물이 흘러가고, 가을이면 단풍 붉은 물이 흐른다.

성종 3년(1472년) 극유에 의해 크게 중창된 선운사는 한때 요사가 189채나 되고 주변에 있는 암자가 80여 개에 이르렀다고 한다. 현존하는 당우로는 대웅보전, 명부전, 만세루, 산신각, 천왕문, 대방, 요사 등의 건물이 있다.

추사가 반한 선운사의 차는 대웅전 뒤편에 자리 잡은 동백숲에 있다. 동백도 마찬가지이지만 이곳은 차가 자랄 수 있는 북방한계선이다. 차는 기후가 따뜻한 곳에서 잘 자란다. 추운 지방에서는 겨울을 나지 못하고 얼어 죽는다. 따뜻한 지방에서 나는 차는 향이 은은하면서 부드러운 반면 일교차가 심하고, 추운 지방에서 나는 차는 쓰고 떫은맛이 강하다. 이처럼 쓰고 떫은맛의 차를 다스려 추사가 반하게 만들었다면, 벽파선사는 차에 있어서는 달인의 경지에 올랐다고밖에 볼 수 없다. 최근 선운사의 차밭은 점점 커지고 있다. 동백숲에서 자라는 것보다 도솔계곡의 너른 밭에 이랑을 이루며 자라는 차밭이 훨씬 크다. 이 차밭은 선운사를 지나 도솔암으로 가는 길 초입에 있다. 전남 보성 활성산에 펼쳐진 차밭처럼 대규모는 아니지만 깊은 산중에 이랑을 펼친 차밭은 또 다른 운치가 있다. 특히, 단풍이 곱게 물드는 가을에는 짙은 초록의 빛이 단풍과 대조를 이루며 특별한 아름다움을 보여준다.

선운사에서 도솔암으로 가는 길은 두 갈래다. 하나는 차가 오가는 찻길이고, 다른 하나는 사람이 다니는 길이다. 찻길이라고 해서 늘 붐비는 것은 아니다. 가끔 차가 오간다는 뜻이다. 산길을 거니는 재미는 당연히 사람이 다니는 길이 좋다. 그러나 작은 오르막과 내리막이 이어진다. 따라서 편한 길을 원하는 이들은 찻길을 따른다. 그래도 내려올 때는 사람이 다니는 길이 좋다. 숲 그늘도 더 짙고, 중간에 쉬어가기 좋은 벤치와 테이블이 있다. 산길을 거닐다 이곳에서 까먹을 도시락을 생각하면 금방 시장기가 돈다.

선운사를 출발해 30분쯤 가면 진흥굴과 장사송이 있다. 진흥굴은 신라 진흥왕이 왕비와 중애공주를 데리고 수도했다는 전설이 있다. 지금 굴 안에는 예불을 올릴 수 있게 석불을 모셔 놨다. 진흥굴을 지키고 선 장사송도 한껏 우아한 자태를 뽐낸다. 한 줄기로 올라와 사람 키 높이에서 여덟 갈래로 갈라져 올라간 모습이 독특하다. 진흥굴을 지나면 도솔암이 지척이다. 사실 도솔암은 물 한 잔 얻어 마시는 것 외에 특별한 매력은 없다. 최근에 중창 불사를 벌인 탓에 예스러운 맛이 전혀 없다. 도솔암에서 한 걸음 더 오르면 산신각이 있다. 곁에 조그만 삼층석탑도 있다. 산신각을 중심으로 왼편에는 마애불이, 오른편에는 상도솔암이 있다.

상도솔암은 가파른 계단을 따라 30m쯤 올라가야 한다. 통일신라 시대부터 존재했다는 이 암자는 소원을 빌면 이루어진다는, 이른바 기도발이 잘 받는 도량으로 불린다. 암자 뒤에는 바위벽이 있는데, 사람들이 붙여놓은 동전으로 반짝인다. 수직에 가까운 바위에 동전을 붙이면 소원이 이루어진다는 속설이 있다. 상도솔암에는 마애불이 있다. 바위에 조각된 이 마애불은 높이가 13m에 이른다. 예전에는 비나 눈이 들이치지 못하게 머리 위에 전각을 세웠던 흔적이 역력하다. 그리고 마애불의 배꼽-정확히는 심장이다-에는 구멍을 메운 흔적이 역력하다. 바로 갑오농민전쟁의 불씨를 지핀 비결이 숨겨져 있었다는 전설이 스민 곳이다. 전하는 이야기에 따르면 마애불 배꼽에

1
2

1 선운사에서 도솔암을 향해 걷다 보면 길 한편에 조용히 석불 하나 서 있다. **2** 용문굴은 천마봉으로 가는 관문이다. 이곳을 지나면 길이 조금 험하지만, 지금껏 보지 못했던 선운산의 너른 품을 마주할 수 있다.

는 새로운 세상을 여는 비결이 숨겨져 있다고 했다. 이에 갑오농민군 지도자 중 한 명인 손화중이 배꼽에서 비결을 꺼내 봉건사회를 끝장낸 혁명에 불을 지폈다고 한다.

마애불은 규모에 비하면 완성도는 떨어지는 편이다. 보통 석불이 갖는 근엄하면서 인자한 표정과는 거리가 멀다. 눈초리는 잔뜩 치켜 올라갔고, 입술은 불만이 많은 아이처럼 삐죽 튀어 나왔다. 심술기가 잔뜩 느껴지는 천진스러운 모습이다. 그래서 정감이 간다. 어쩌면 갑오농민전쟁에 얽힌 전설 또한 민중의 모습을 하고 있는 이 천연덕스러운 마애불의 표정에서 비롯됐는지도 모를 일이다.

마애불을 지나면 길이 조금 험해진다. 석문처럼 큰 바위들이 마주보고 있는 곳을 지나면 용문굴이다. 마치 돌다리처럼 바위에 커다란 구멍이 뚫려 있다. 산길은 그 구멍 사이로 나 있다. 전설에 의하면 용이 하늘로 승천하면서 이 바위를 뚫고 나가 만들어졌다고 한다. 용문굴 오른편에는 쉬어갈 만한 벤치가 있다.

용문굴을 지나 천마봉까지는 조금 가파른 오르막이다. 하지만 부드러운 흙길이라 걷기 좋다. 선운산의 주능선을 타고 가는 길이라 사방으로 트여 있다. 맑은 날에는 서해가 아스라이 펼쳐진다. 특히, 천마봉에 서면 가슴이 탁 트인다. 선운산 최고의 전망대라는 별칭에 걸맞게 환상적인 파노라마가 펼쳐진다. 말굽쇠 모양으로 돌아나간 선운산 주능선과 그 속내를 파고드는 도솔계곡이 남김없이 보인다. 그리고 선운산의 보석이라 할 수 있는 마애불과 상도솔암, 이것들을 감싼 바위들의 웅장한 자태도 보는 이의 가슴을 후련하게 만들어준다.

 천마봉에서 도솔암으로 내려오는 길은 가파르다. 철계단이 이어지기도 한다. 그러나 그것도 잠시, 철계단을 내려서면 다시 도솔계곡의 포근한 품으로 든다. 천마봉에서 바라본, 바위가 치솟아 아찔한 아름다움을 연출하던 선운산의 모습은 더 이상 찾아볼 수 없다. 이제 다시 느긋한 걸음으로 산책하듯 선운사로 돌아갈 일만 남았다.

천마봉 정상에서 서면 바위들이 기립한 기묘한 모양의 산세에 안긴 도솔암과 동학혁명의 전설을 간직한 마애불, 그리고 인냇강을 향해 흘러가는 도솔계곡이 발아래 펼쳐진다.

info.

위치 전북 고창군 아산면 삼인리 126 **교통** 자가운전, 대중교통(버스) **코스&소요시간** 선운사~장사송~도솔암 왕복 3시간, 선운사~도솔암~천마봉 왕복 4시간 **난이도** 선운사~장사송~도솔암 ★★☆☆☆, 선운사~도솔암~천마봉 ★★★☆☆ **추천 계절** 봄, 가을 **준비물** 도시락, 물, 간식 **문의** 선운산도립공원(063-563-3450)

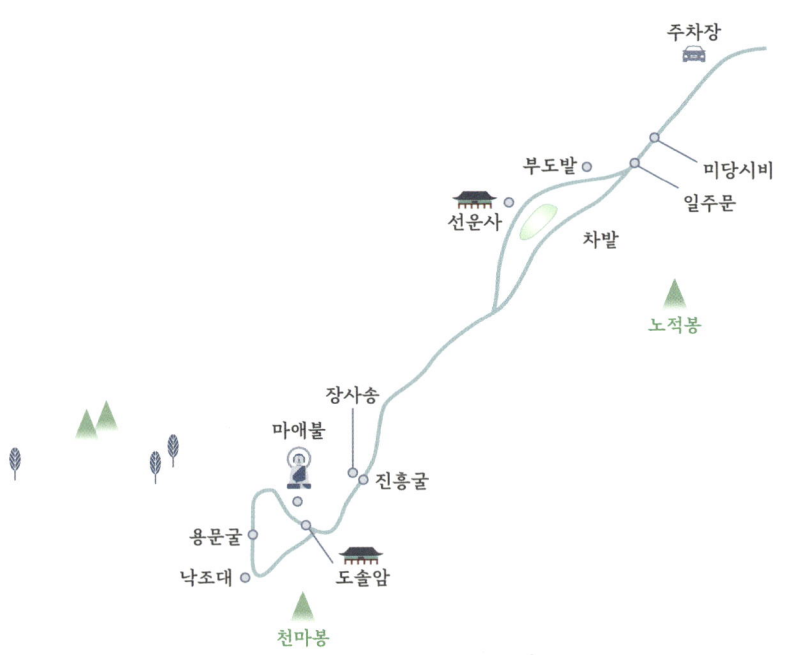

✳ 길라잡이

선운산은 도솔암까지 차가 오갈 수 있는 비포장 길이 있다. 따라서 노약자나 어린이도 쉽게 갈 수 있다. 도솔암까지는 왕복 3시간이면 넉넉하다. 도솔암~용문굴~천마봉은 조금 가파른 오르막이 있다. 하지만 거리가 짧아 큰 힘 들이지 않고 오를 수 있다. 다만 천마봉에서 도솔암으로 내려오는 길은 가팔라 주의해야 한다.

※ 가는 길
서해안고속도로 선운산IC로 나온다. 22번 국도를 따라 영광 방면으로 13km 가면 선운산 입구다. 좌회전해서 4km 가면 선운산 주차장이다. 서울 기준 4시간 거리.

※ 맛집
선운산의 명물은 풍천장어와 복분자술이다. 풍천장어는 강물과 바닷물이 만나는 심원면 월산리 부근에서 많이 잡혔다. 지금 자연산은 찾아보기 어렵다. 그러나 장어를 요리하는 비법은 고스란히 남아 있다. 두 번에 걸쳐 양념을 입혀 구워 낸 장어를 입에 넣으면 살살 녹는다. 풍천장어와 곁들여 먹는 게 복분자술이다. 복분자를 마시고 요강에 오줌을 누면 요강이 엎어질 만큼 정력이 좋아진다고 해서 엎드릴 복(覆)에 동이 분(盆)자를 쓴다. 복분자술은 기름기 많은 장어의 잔 맛을 깔끔하게 지워주기 때문에 풍천장어와는 궁합이 딱 맞는다. 선운산 입구에는 20여 집이 풍천장어와 복분자술을 판다. 신덕식당(063-562-1533)은 1964년 개업한 풍천장어(사진)의 원조집이다. 풍천장어 1인분 3만2,000원.

※ 숙박
선운사 입구에는 선운산관광호텔(063-561-3377)을 비롯해 숙박시설이 많다. 선운산 야영장(063-560-2508)도 있다.

※ 볼거리
선운산에서 가까운 거리에 미당시문학관(063-560-8058·사진)이 있다. 서정주 시인이 타계한 후 2001년 폐교된 선운사 분교에 세웠다. 두 개의 전시실에는 미당의 육필 원고와 시집, 그가 쓰던 유품 등 1만5,000여 점을 전시했다. 독특한 모양을 한 1전시동 6층 전망대에 서면 미당 생가와 질마재가 가깝게 보인다. 시문학관에서는 미당의 시집도 판매하며 도시락을 먹을 수 있는 휴게실도 있다. 미당 생가까지는 100m 거리다. 선운산에서 영광 방면으로 10km 가면 삼양염전이 있다. 이곳은 소금창고와 천일염을 만드는 모습을 볼 수 있다. 특히, 해 질 녘 석양에 물든 염전과 소금을 모으는 풍경이 인상적이다. 세계문화유산으로 지정된 고창 고인돌 유적지와 대보름날 지신밟기가 유명한 모양성도 더불어 찾으면 좋다.

해남,
두륜산 일지암

차의 향기를 좇아
산길을 더듬다

❈ 유선관~대흥사~일지암

    해남 두륜산(709m)을 떠올릴 때마다 저절로 미소짓게 된다. 이 산에 깃든 대흥사란 절 때문이다. 대흥사는 한국 불교사의 한 획을 그은 큰절이다. 이 절은 불가에서 떠받드는 열세 분의 큰스님(13대종사)을 배출했다. 이 가운데 마지막을 장식한 이가 조선 말기의 선승 초의선사다. 그는 사라져가던 한국의 차 문화를 일으켜 세운 장본인이다. 두륜산 중턱 일지암에 의탁한 채 평생을 차와 벗하며 살았던 스님이 있어서 오늘날 우리도 차의 향기에 취할 수 있다. '차를 마시는 것과 도를 닦는 것은 같다'는 다선일미(茶禪一味)를 주창한 초의선사를 떠올리며 걷는 길은 그래서 즐겁다.

    다성(茶聖)이라 불리는 초의선사(1786~1866)는 전남 무안 출신이다. 어린 시절 물에 빠져 허우적거리는 것을 지나던 스님이 구해준 것이 인연이 되어 불가에 입문했다. 초의선사는 승려이면서도 유학, 도교 등 다방면의 지식을 섭렵했으며 문장과 그림에도 뛰어났다. 스승으로 모셨던 다산 정약용, 동갑내기로 도타운 우정을 나눈 추사 김정희, 남종화의 창시자 소치 허련 등과도 폭넓게 교류했다. 이들과 사귐에 있어 차의 향기가 함께 했음은 물론이다. 초의는 햇차를 만들 때마다 추사와 다산에게 보냈고, 추사와 다산은 고마움으로 시를 써 보냈다. 초의선사는 입적할 때까지 40년을 일지암에 머물며 우리나라 최초의 본격적인 다서 《다신전(茶神傳)》과 《동다송(東茶頌)》을 저술했다. 선사는 또 다선일미(茶禪一味)의 사상을 바탕으로 다도의 이론을 정립하고 차 문화 중흥에 커다란 업적을 남겼다.

대흥사로 드는 길에 들면 저절로 입이 반쯤 벌어진다. 이렇게 아름다운 숲이 또 있을까 싶은 행복감에 취하게 된다. 물론 절로 가는 길이 아름다운 곳은 많다. 청도 운문사의 솔숲이나 오대산 월정사와 변산 내소사의 전나무숲 길을 으뜸으로 친다. 그러나 대흥사 진입로를 걸어본 이라면 십중팔구 이 길을 최고라고 추켜세울 것이다. 대흥사 매표소에서 시작된 숲길은 해탈문을 지나 절 마당에 이를 때까지 2.5km 가량 이어진다. 숲의 대세는 활엽수다. 벚나무와 단풍나무, 고로쇠나무가 주종을 이룬다. 이 나무들은 밑둥치가 세 아름도 넘을 만큼 큰 것이 많다. 세월의 풍상을 견디다 못해 뒤틀리고, 혹이 나고, 거죽만 남은 나무들이 한데 어울려 싱그러운 터널을 만든다. 그러나 모두가 활엽수는 아니다. 숲길 중간에 조림한 편백들이 기운차게 솟아 침엽수림도 이 숲을 이루는데 한몫하고 있다는 것을 시위하듯 보여준다.

: 해남, 두륜산 일지암

아주 이른 아침 대흥사로 가는 길은 저리 호젓하고 녹음이 짙다.
이 길을 걷지 않고 감히 두륜산 대흥사를 보았다 말하지 말자.

대흥사 숲길이 가장 아름다울 때는 이른 아침. 해가 미처 두륜산을 넘지 못하고 어둑어둑한 기운이 숲에 머물 때다. 이때는 오가는 이도 적어 호젓하다. 밤새 어둠 속에 웅크려 있던 싱그러운 기운들이 여전히 낮은음자리표로 흐르는 공간. 안개마저 자욱하게 흐르면 현세가 아닌 피안을 걷는 느낌을 준다. 어디선가 산새가 운다. 그 발랄한 울음소리에 번뇌로 가득했던 머릿속이 맑게 헹궈진다.

대흥사로 가는 숲길은 두 갈래다. 하나는 차량이 오가는 도로다. 차만 없다면 이 길을 걸어도 좋다. 아니, 숲의 진면목을 보려면 한 번쯤은 찻길을 따라 걸어야 한다. 그러나 번잡한 시간이라면 오솔길을 택해야 한다. 매표소를 지나자마자 계곡 오른편에서 시작되는 오솔길은 유선관 주차장까지 이어진다. 대부분의 사람들이 찻길을 이용해 걷기 때문에 오솔길은 항상 한갓지다. 혹여, 진입로가 길다고 차를 타고 갈려고 마음먹는 이들이 있을지도 모르겠다. 그러나 옳지 않은 선택이다. 대흥사를 찾은 기쁨의 절반은 이 숲을 거니는 데 있다. 한 시인이 '옥구슬 굴리는 듯한 물소리를 곱게 달래며 아홉 구비 구교-매표소에서 대둔사까지 9개의 다리를 건넌다-를 다 밟아도 피안교(彼岸橋)에 이르면 걸어온 뒷길 다시 한 번 돌아볼 일 부디 잊지 말자'고 읊을 만큼 마음에 남는 길이다.

매표소에서 숲길을 따라 20분쯤 가면 주차장이다. 곁에 유선관이란 여관이 있다. 이곳은 영화 〈서편제〉의 촬영지이자 유홍준 교수의 명저 《나의 문화유산답사기》에 소개되어 일약 주목을 받은 여관이다. 절은 옛날부터 유

| 1 |
| 2 |

1,2 대흥사로 드는 길목에 자리한 사연 많은 유선관. 한때 소리꾼을 불러 소리를 청해 들었던 이 여관의 역사는 100년을 헤아린다. 지금도 온돌방에서 하룻밤 쉬어 갈 수 있다.

람의 중심에 있었다. 당연히 이름난 절 입구에 여관 한둘은 있었다. 수덕사의 수덕여관이나 지리산 쌍계사 입구의 쌍계여관 등이 그런 여관 가운데 하나다. 이 여관들은 숱한 시인 묵객의 발길을 받아내며 저마다의 자리를 점하고 있다. 다만, 다른 여관들이 존폐를 다투고 있는데 반해 유선관은 아직까지 건재하다. 이 여관은 1915년에 문을 열었으니 역사가 100년도 더 됐다. 유선관은 20여 년 전까지만 해도 소리꾼을 불러 소리를 청해 들을 수 있었다. 장작으로 구들장을 달군 온돌방과 툇마루와 미닫이문이 있는 ㅁ자 모양의 건물은 고풍스런 운치가 물씬 풍긴다. 가을이면 낙엽이 떨어져 뒹구는 뒤뜰의 장독대며 바위를 때리며 흘러내리는 계곡의 물소리까지 더해져 고즈넉한 하룻밤을 선사한다.

유선관을 지나면 피안교다. 이 다리를 건너면 비로소 대흥사에 든 것이다. 해남의 진산 두륜산의 구중궁궐 같은 품에 똬리를 튼 대흥사는 사연도 많고, 볼거리도 많다. 대흥사는 나말여초에 창건됐다. 가람의 규모나 사세가 별 볼 일 없던 이 절은 서산대사가 의발을 봉안하고 난 후부터 융성하기 시작한다. 서산대사는 묘향산 원적암에서 마지막 설법을 마친 후 제자들에게 의발은 대흥사에, 사리는 묘향산 보현사에, 영골(靈骨)은 금강산 유점사에 봉안토록 했다. 서산대사가 대흥사에 의발을 봉안토록 한 것은 이곳이 삼재(三災)가 들지 않고, 만세토록 파괴되지 않으며, 영혼이 편히 쉴 수 있는 곳이라 해서다. 서산대사의 의발이 봉안되고 난 후 이 절은 크게 융성해 13대종사와 13대강사를 배출했다. 6·25 동란 때도 전혀 피해를 입지 않았다고 한다. 대흥사에는 서산대사의 영정을 모신 표충사, 천불전이 있는 남원, 대웅보전이 있는 북원, 서산대사유물관 등 4개 구역으로 나뉘어져 있다.

일주문을 지나면 13대종사를 비롯한 대흥사가 배출한 고승대덕의 사리를 모신 부도밭이 있다. 절집의 부도밭 가운데 규모 면에서 가장 크다. 서산대사 부도를 포함해 54기의 부도와 탑비 27기가 자리했다. 부도들은 17세기에서 19세기 초에 만들어졌는데, 조선 후기 대단한 세력을 펼쳤던 대흥사의 위세가 느껴진다. 녹물이 흘러 붉은색을 띠거나 초록빛 이끼가 낀 부도에서 세월의 간극도 묻어난다. 다만, 아쉬운 것은 해탈문 곁에 조성한 드넓은 주차장이다. 유선관으로 오는 길목에도 이미 커다란 주차장을 만들었는데, 굳이 여기까지 주차장을 만들 필요가 있었을까 싶다.

해탈문을 지나면 대흥사 마당에 들어선다. 이곳에서 바라보면 가람의 방대한 규모에 놀라게 된다. 남원과 북원의 크고 작은 당우들이 끝도 없이 이어진다. 이 가운데 남원의 대웅보전과 천불전은 놓칠 수 없다. 특히, 남원에서 북원으로 가는 길에는 느티나무의 뿌리가 붙어 하나가 된 연리근이 있다. 대흥사 경내에서 가장 큰 나무라 한눈에 알 수 있다. 대흥사 뒤로 펼쳐진 두륜산의 자태도 빼어나기 그지없다. 부처님이 누워 있는 형상이라고 하는데, 두 팔을 벌려 대흥사를 꼭 안고 있는 형국이다.

대흥사에서 일지암까지는 산길로 700m다. 대흥사를 빠져나와 400m쯤 가면 갈림길이다. 오른쪽으로 방향을 잡으면 길이 가팔라진다. 예전에는 숲속으로 난 오솔길이었지만 지금은 길을 넓히고 말끔히 포장까지 해놓은 탓에 걷는 맛이 덜하다. 게다가 일지암이 가까워질수록 길은 가팔라진다. 길만 그런 것은 아니다. 일지암은 암자라기보다 큰 사찰처럼 규모가 커졌다. 초가로 이엉을 얹은 정사각형의 암자와 스님 홀로 기거하던 당우가 전부였던 예전과는 천양지차다. 산 중턱에 이처럼 우악스럽게 건물을 지어야 했는지 되묻지 않을 수 없다. 물욕에서 벗어나 오직 차와 선만을 벗하던 초의선사의 무소유 정신이 빛바랜 듯해 씁쓸하다.

초가로 이엉을 올린 일지암 곁에 연못(초의다합)이 있다. 여름이면 연꽃이 피는 연못에 피라미가 노닌다. 그러나 그것 말고는 모두 빈껍데기처럼 변했다. 대통을 따라 흘러내린 물이 3개의 돌확을 거치는 유천은 거의 버려졌다. 그 좋던 물맛을 더는 볼 수 없다. 또 찻잎을 다루던 맷돌, 초의선사가 가부좌를 틀고 앉아 다선삼매에 들던 돌평상도 그저 장식처럼 남아 있을 뿐이다. 다만, 일지암에서 산비탈을 따라 조성한 차밭에 봄날이면 까치 혀 같은 여린 찻잎이 자랄 뿐이다. 그 찻잎을 보며 일생을 차와 함께 선($禪$)을 일구던 초의선사의 소탈한 모습을 떠올려본다.

1
2

1 차의 성지로 불리는 일지암. 초의선사가 머물며 차 문화를 꽃피운 곳이지만 지금은 '큰절'처럼 당우가 들어서 조금은 당혹스럽다. **2** 일지암에 딸린 작은 차밭에서 연둣빛 새순이 올라온다.

info.

위치 전남 해남군 삼산면 대흥사길 400(대흥사) **교통** 자가운전, 버스 **코스&소요시간** 매표소~대흥사~일지암 왕복 3시간 **난이도** ★★☆☆☆ **추천 계절** 봄~가을 **문의** 두륜산 도립공원(061-530-5543)

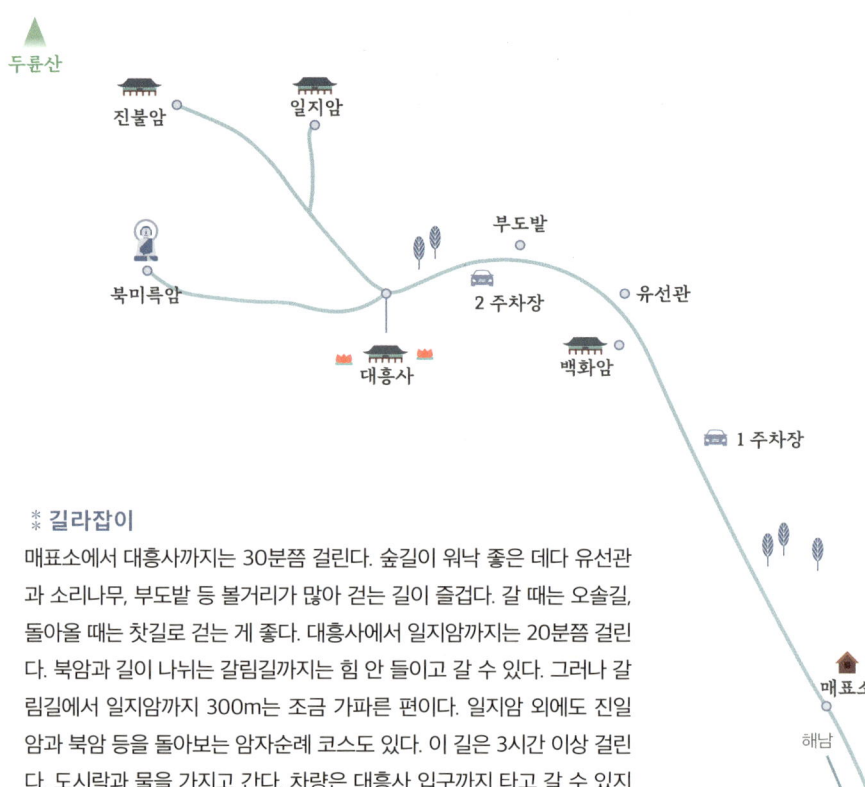

✻ 길라잡이

매표소에서 대흥사까지는 30분쯤 걸린다. 숲길이 워낙 좋은 데다 유선관과 소리나무, 부도밭 등 볼거리가 많아 걷는 길이 즐겁다. 갈 때는 오솔길, 돌아올 때는 찻길로 걷는 게 좋다. 대흥사에서 일지암까지는 20분쯤 걸린다. 북암과 길이 나뉘는 갈림길까지는 힘 안 들이고 갈 수 있다. 그러나 갈림길에서 일지암까지 300m는 조금 가파른 편이다. 일지암 외에도 진일암과 북암 등을 돌아보는 암자순례 코스도 있다. 이 길은 3시간 이상 걸린다. 도시락과 물을 가지고 간다. 차량은 대흥사 입구까지 타고 갈 수 있지만, 대흥사 숲길의 진정한 매력을 느끼려면 매표소 아래 두고 간다.

✻ 가는 길

서해안고속도로 목포IC에서 나와 2번 국도를 따라가면 강진군 성전면이다. 이곳에서 13번 국도를 따라 남쪽으로 30분을 가면 해남읍이다. 해남읍에서 대흥사까지는 8km 더 간다.

※ **맛집**

해남에는 맛집이 많다. 해남읍에 있는 진일관(061-532-9932)은 남도 음식의 진수인 떡갈비와 한정식을 맛볼 수 있는 집이다. 남해에서 잡은 숭어, 간재미, 청어, 우럭 등 싱싱한 해산물과 소고기 육회, 돼지갈비 등 40여 가지의 음식이 어울려 푸짐한 상차림을 내온다. 특히 갈치속젓, 창란젓 등 다양한 젓갈을 맛보는 재미를 빼놓을 수 없다. 2인상 6만 원. 대흥사 가는 길 초입에는 호산정(061-534-8844)을 비롯해 '통닭집'이라 불리는 닭요리 전문점 20여 곳이 있다. 이곳에서 말하는 통닭은 3kg쯤 나가는 토종닭을 통째로 잡아 코스 요리로 내놓는다. 토종닭 코스 요리 6만 원.

※ **숙박**

대흥사 아래 있는 유선관(061-534-2959)은 100년이 넘은 유서 깊은 여관이다. 누구나 하룻밤 자고 싶어 하는 곳이지만 예약이 쉽지 않다. 아침과 저녁상이 방으로 배달된다. 막걸리와 파전 같은 술추렴도 할 수 있다. 주차장 주변에 두륜각 모텔(061-535-0360)을 비롯해 숙박시설이 많다.

※ **볼거리**

대흥사로 들어서기 전 왼쪽에 두륜산 케이블카가 있다. 이곳에서 케이블카를 타면 고계봉까지 단숨에 올라갈 수 있다. 케이블카 승차장 입구에 있는 두륜미로마크는 미로체험을 해볼 수 있다. 대흥사로 가는 길 왼편에 자리한 녹우당은 해남 윤씨의 종가이자 국문학의 비조 고산 윤선도(1587~1671)가 나고 자란 곳이다. 녹우당은 또 사실화의 거장 공재 윤두서의 체취가 묻어있는 곳이기도 하다. 녹우당은 ㅁ자 구조로 되어 있는 60여 칸의 건물로 남도에서는 가장 규모가 크고 오래되었다. 녹우당에는 지금도 윤선도의 14대 후손이 살고 있다. 종가 곁에 해남 윤씨에 전해지는 유물들을 모아 전시한 박물관이 있다. 대흥사에서 땅끝(사진)까지는 차량으로 40분쯤 걸린다. 땅끝 가는 길에 있는 미황사(사진)는 불교남방전래설이 있는 절로 달마산과 어울린 모습이 아름답다.

완도,
청산도

봄의 왈츠 속으로

✽ 도청리~당리~신흥리

다도해 푸른 바다에 떠 있는 섬 청산도. 그 이름만 들어도 섬이 온통 푸를 것만 같다. 그러나 이 섬에 닿는 순간 사람들은 자신의 빈약한 상상력을 탓한다. 청산도는 우리의 상상보다 훨씬 더 '푸른 것'으로 가득한 섬이다. 특히, 한국인의 서정성을 세상에 알린 영화〈서편제〉와 동화 같은 사랑이야기를 담은 드라마〈봄의 왈츠〉촬영지로 알려지면서 세상의 관심이 부쩍 늘었다. 특히 뭍사람들의 '청산도 사랑'의 정점은 슬로시티가 찍었다. 청산도는 신안 증도와 함께 2007년 아시아 최초의 슬로시티(Slow City)로 지정됐다. 슬로시티는 자연환경을 보호하고 전통문화를 지키며 여유와 느림을 추구하며 살아가자는 국제운동으로 1999년 이탈리아에서 시작됐다. 청산도가 슬로시티로 지정되면서 뭍사람들의 이 섬에 대한 무한한 애정이 시작됐다. 언젠가 한 번은 꼭 그 섬을 걸어보겠노라는 꿈을 꾸게 만든 것이다.

청산도가 한 폭의 그림처럼 액자 속에 들어왔다. 드라마 <봄의 왈츠> 촬영지에서
바라보는 이 풍경이 청산도의 거의 모든 것을 대신한다.

완도항에서 철부선을 타고 50분. 오십 리 뱃길을 가면 '푸른 섬' 하나가 다가온다. 청산도다. 사시사철 섬이 푸르다고 해서 붙여진 이름이다. 옛 사람들은 신선이 사는 섬이라 해서 '선산도'라 불렀다. 청산도는 큰 섬이다. 그렇다고 터무니없이 큰 것은 아니다. 작심하고 나서면 하루면 일주할 수 있는 섬이다. 이곳까지 차를 가지고 와 섬을 일주하는 이들도 있다. 하지만, 청산도는 발목 시큰하게 걸으며 돌아봐야 제맛이 나는 섬이다. 그만큼 때 묻지 않은 섬이기도 하다.

청산도에 언제 가면 좋을까. 청산도를 아는 이들은 단연코 봄날을 권한다. 이때가 가장 청산도 다울 때라는 것이다. 구들장 논과 제멋대로 휘어진 밭두렁마다 청보리가 파릇파릇하게 물결칠 때 청산도를 찾아야 제맛이라는 것이다. 이 보리밭은 바람이라도 불라치면 스스스 소리를 내며 물결친다. 푸른 보리들이 어깨와 어깨를 겯고 일렁이는 모습은 '눈물나게' 아름답다. 더욱이 경기도나 강원도 같은 한반도 중부권의 4월은 세상이 온통 잿빛으로 죽어 있는 계절이다. 산에 푸른빛이 돌려면 적어도 달포는 기다려야 한다. 그러나 청산도에는 청보리가 만든 푸른 물결이 일렁인다. 그러니 어찌 아름답지 않을 수 있을까.

4월 청산도는 유채꽃이 있어 더욱 생기가 돈다. 유채꽃은 논두렁과 밭두렁을 따라 피어난다. 당리마을에도 일부러 심은 것

'푸른 섬' 청산도의 봄은 청보리가 물결친다. 그 곁에 노란 물감을 풀어놓은 듯이 유채꽃도 만개한다.

들이 돌담 너머로 샛노란 미소를 흘리며 뭍사람들의 마음을 유혹한다. 청잣빛 하늘과 바다를 배경 삼아 노란 불꽃을 틔운 것처럼 번져가는 유채꽃 물결, 끝내 마음속을 아릿하게 후벼 놓고 만다. 유채꽃 필 때에 맞춰 청산도 슬로 걷기 축제도 열린다. 모내기를 앞두고 물을 받아 놓은 무논은 또 어떤가. 이곳에는 아직도 농기계가 낯설다. 누렁소에 쟁기나 서래를 걸어 논을 다듬는 풍경이 어울린다. 무논에 번지는 햇살 속에서 이려~하며 누렁소를 채근하는 농부의 요령 소리가 봄 하늘에 울려 퍼진다. 그 소리에 또 깜짝 놀라 보랏빛 자운영도 화들짝 꽃을 피운다.

청산도를 한 바퀴 도는 여정은 완도항에서 페리가 오가는 도청리에서 시작한다. 도청리를 기점으로 섬을 한 바퀴 도는 일주도로가 있고, 걷는 길이 조성되어 있다. 이전에야 마을과 마을을 잇는, 마을에서 논밭을 오가던 길이었지만, 지금은 '청산도 슬로길'로 지정되었다. 청산도 슬로길 11개 코스를 다 돌아보는 일은 쉽지 않다. 슬로길 전부를 합치면 40km나 된다. 마라톤 풀코스와 거의 같다. 건각이라고 해도 다 걸어보려면 이틀이 꼬박 걸리는 거리다. 그러나 꼭 코스대로 다 돌 필요는 없다. 청산도가 간직한 푸릇푸릇한 기운을 눈과 마음에 담고 올 수 있는 코스를 찾아 시간이 허락하는 만큼 돌아보면 될 일이다. 그래도 꼭 봐야 할 것들이 있다. 다른 곳은 빼고 가도 이곳만은 꼭 들러야 하는 곳들이 있다. 예를 들면 1코스의 당리는 〈서편제〉와 〈봄의 왈츠〉 촬영지이자 유채밭이 몰려 있는 청산도 슬로길의 심장 같은 곳이다. 구장리 읍리앞개를 지나 범바위에서 장기미로 이어진 3~5코스는 해

1 청산도 느린 우체통에 편지를 넣으면 일 년 뒤에 받아볼 수 있다. 오늘의 내가 미래의 나에게 편지를 쓰는 것이다. **2** 천천히, 천천히 청산도가 일러주는 행복의 길이다.

영화 <서편제> 촬영지에서 보면 바다에 만들어 놓은 세상에서 가장 큰 하트 모양의 어장이 보인다.
나무로 촘촘하게 목책을 만든 이 어장은 썰물과 밀물을 이용해 고기를 잡는 전통 어업이다.

: 완도, 청산도

안절경이 일품이다. 도청리와는 정반대 편인 동쪽 신흥리 7~8코스는 아늑한 해변과 섬 속의 섬 목섬을 거닐어 볼 수 있는 곳이라 빼놓을 수 없다. 이곳만 잘 돌아봐도 청산도의 진면목은 얼추 돌아본 셈이다.

도청리 느림의 종 기념물을 보고 길을 따라가면 이정표가 보인다. 도락리로 가는 슬로길 1코스가 오른쪽으로 나 있다. 당리 서편제 촬영지는 데크로 만든 도보 길을 따라 고개로 올라간다. 이 길을 따라 1km 가면 오늘의 청산도를 있게 만든 당리의 돌담길이 있다. 청산도가 맨 처음 뭍사람들에게 알려지기 시작한 한국 영화사의 한 획을 그은 영화 〈서편제〉를 통해서다. 〈서편제〉는 '천 만 관객'의 원조라 할 수 있을 만큼 공전의 히트를 쳤다. 이 영화는 소리꾼 가족의 인생을 통해 한국인의 가슴 깊은 곳에 내재된 한과 슬픔을 잘 표현해 세계적인 찬사를 받았다. 영화 속에서 이웃마을에 노래를 팔고 돌아오던 유봉(김명곤 분)과 송화(오정해), 동호(김규철)는 신명나게 '진도아리랑'을 불러제낀다. 그들이 덩실덩실 어깨춤을 추며 돌담길을 돌아 넘어가던 아름다운 장면은 관객들의 뇌리에 깊숙이 박혔다. 이 장면을 촬영한 곳이 바로 당리마을의 돌담길이다.

당리마을 돌담길은 말끔하게 관리되어 있다. 예전에는 좁은 황톳길을 따라 돌담이 있었다. 그러나 지금은 길도 새롭게 넓히고, 돌담도 깨끗하게 다듬었다. 이곳이 청산도의 얼굴이다 보니 정성을 들인 티가 역력하다. 하지만, 그래서 자연미가 많이 사라진 것은 조금 아쉽다. 돌담 안에는 일부러 심은 유채와 보리밭이 가득하다. 엉성하게 재연한 서편제 주막도 있고, 풍물을

1 청산도 앞개 해변에 가면 몽돌이 가득하다. 몽돌 해변은 바닷물이 밀려올 때마다 쏴아~쏴아~ 소리를 낸다. 2 몽돌에 붙은 조개에 맑고 투명한 바닷물이 넘실거린다.

: 완도, 청산도

치는 조각도 곳곳에 배치했다. 〈봄의 왈츠〉 세트장으로 가는 길은 유채꽃밭으로 조성했다. 너무 인위적인 느낌이 나지만 전체적인 풍경은 예나 지금이나 그대로다. 특히, 도청리 방면으로 펼쳐진 노란 유채밭과 짙푸른 바다의 어우러짐은 청산도의 명성을 살려주기에 충분하다. 청산도가 간직한 섬의 원형질이 그대로 보존된 느낌이다.

봄이면 유채꽃이 만발하는 이곳의 논을 '구들장논'이라 부른다. 구들장논은 산을 깎은 다음 구들장 같은 평평한 돌을 깔고 그 위에 다시 흙을 덮어 만든 논이다. 청산도는 비탈이 바위투성이라 비가 내려도 금방 흘러내리고 만다. 연중 물이 귀할 수밖에 없다. 이런 연유로 바닥을 평평하게 만들고, 그 위에 구들장을 깔아 물을 가두는 구들장논을 만든 것이다. 구들장논이 비탈을 따라 연이어 걸쳐 있는 풍경은 청산도에서 흔하다. 그중 도락포로 가는 길 양편에 남아 있는 것이 가장 도드라진다.

당리에서 3코스를 따라 남쪽으로 가면 구장리를 거쳐 권덕리로 간다. 당리에서 고개를 넘어가면 이제부터는 해안을 따라 조성한 걷기길이다. 가파른 비탈이라 걸을 때 조심해야 한다. 반면 쪽빛 바다색은 한없이 예쁘다. 구장리에는 몽돌이 깔린 앞개 해변이 있다. 둥글둥글한 돌이 해변을 가득 채웠다. 큰 것은 축구공만 하다. 이 해변은 파도가 밀려갈 때마다 자르르 소리를 토한다. 걷는 것은 집어치우고 그저 바다만 바라보고 한없이 앉아 있고 싶은 곳이다. 이런 해변은 범바위 지나 장기미에도 있다.

권덕리를 지나면 제법 큰 오르막이 기다리고 있다. 말탄바위를 거쳐 범바위로 오르는 길이다. 큰 오르막이라고 해서 긴장할 필요는 없다. 권덕리에서 20분이면 범바위 정상에 오를 수 있다. 말탄바위와 범바위는 이름에서 얼추 봉우리의 모양이 그려질 것이다. 말탄바위는 말을 타고 있는 모양이고, 범바위는 호랑이를 닮았다는 것이다. 그러나 이름만 그럴 뿐, 실제 두 바위가 이름처럼 생겨 먹었다는 생각은 잘 들지 않는다. 다만, 분명한 것은 두 봉우리의 전망이 아주 좋다는 것이다. 해안절벽이 많은 남쪽의 푸른 바다와 아늑한 비탈을 이루며 신흥리로 이어진 청산도의 풍경이 펼쳐진다. 범바위는 청산도 최고의 일출 전망대이기도 하다. 범바위 정상에는 전망대도 있고, 간단한 요기를 할 수 있는 매점도 있어 쉬어가기 좋다.

범바위에 올라서면 갈등이 생긴다. 더 걸을 것인가, 아니면 이쯤에서 멈출 것인가 판단해야 한다. 계속 걷고 싶다면 칼바위 지나 장기미 공룡알 해변으로 내려간다. 그런 다음 5코스를 따라 청계리 구들장길로 갈 것인지, 아니면 해안으로 난 등산로를 따라 신흥리로 갈 것인지 정해야 한다. 두 길 모두 만만치 않은 거리다. 만약 이쯤에서 걷는 것을 멈추고 싶다면 범바위 주차장으로 택시를 부르면 된다. 청산도의 택시는 어디서나 부르면 달려온다. 물론 택시 대신 걸어서 청계리 구들장논을 본 뒤 신흥리나 도청리로 갈 수 있다.

범바위에서 걷는 것을 멈추더라도 가볼 곳이 있다. 동쪽 끝 신흥리다. 이곳은 잔잔한 해변과 작은 섬이 있는 아늑한 해변 마을이다. 신흥리는 번잡함과는 거리가 먼, 섬만이 줄 수 있는 아늑함이 있다. 신흥리 풀등 해변은 썰물이 들면 물이 십리나 빠진다. 마을에서 목섬까지 2km의 부드러운 모래사장이 드러난다. 먼 바다를 꿈꾸는 고래처럼 아무도 밟지 않은 해변을 따라 걷는 일 또한 낭만적이다.

신흥리에서 청산도 슬로길 8~11코스를 따라 국산리와 지리를 거쳐 도청리까지 갈 수 있다. 그러나 다리가 팍팍하다면 여기서 걸음을 멈추는 게 좋다. 신흥리에서 도청리까지는 섬 일주의 절반에 해당된다. 보통 도청리에서 당리를 거쳐 신흥리까지 왔다면 하루가 저물 것이다. 따라서 나머지 길을 더 걸을지, 아니면 이쯤에서 청산도와 작별할지 결정하면 된다.

> info.

위치 전남 완도군 청산면 도청리 **교통** 버스, 자가운전 **코스&소요시간** 도청리~당리~구장리~권덕리~범바위 3시간, 도청리~당리~구장리~권덕리~범바위~장기미~청계리~신흥리 5시간 30분 **난이도** ★★☆☆☆ **추천 계절** 봄~가을 **준비물** 물, 간식 **문의** 청산면사무소(061-550-6491)

☀ 길라잡이

청산도는 큰 섬은 아니다. 하지만 슬로길은 섬의 구석구석을 돌아보게 나 있어 40km가 넘는다. 따라서 자신이 걷고 싶은 부분을 선택해 걷는다. 차량도 가져갈 수 있다. 섬 일주도로는 도청리에서 당리를 거쳐 신흥리까지 간 다음, 섬의 북쪽을 따라 도청리로 돌아온다. 자전거로 여행해도 된다. 4월에는 유채꽃이 만발해 가장 아름답다. 이때 걷기 축제도 열린다.

☀ 가는 길

서울 강남터미널 호남선에서 완도로 가는 고속버스가 1일 4회 운행한다. 완도여객선터미널(1666-0950)에서 청산도를 오가는 배편은 1일 6회(07:00, 08:30, 11:00, 13:00, 14:30, 18:00) 운항한다. 차량도 실을 수 있으며, 소요시간은 50분이다. 서울에서 자가운전으로 갈 경우 서해안고속도로 목포 IC로 나와 2번 국도와 13번 국도, 77번 국도를 이용해 해남 거쳐 완도로 간다. 청산도 내에서 도청~읍리~신흥리는 청산여객(061-552-8546), 도청~지리~진산은 마을버스가 배 시간에 맞춰 운행한다. 섬 내 어디서고 택시를 부르면 점보택시가 달려온다. 청산도 개인택시(061-552-8747)

☀ 맛집

청산도가 속한 완도군은 전복 산지로 유명한 곳이다. 국내 전복 생산량의 80%가 완도에서 난다. 청산도에도 전복 양식장이 많다. 전복 산지다 보니 시세보다 저렴하게 전복을 맛볼 수 있다. 전복죽이나 전복비빔밥, 전복회, 전복뚝배기 등 다양한 전복 요리가 있다. 전복죽 1만2,000원, 전복회는 3만~6만 원 정도다. 광어나 우럭, 삼치 같은 자연산 횟감도 좋다. 대부분의 식당은 도청리 선착장 부근에 몰려 있다. 자연식당(061-552-8863), 해녀식당(061-552-8547).

✳ 숙박

식당과 더불어 여관은 대부분 도청리에 몰려 있다. 등대모텔(061-552-8558). 도락리와 당리 등 1코스 주변에는 펜션과 민박이 여럿 있다. 어울림(010-4521-8148), 바다산책(010-9983-9052), 돌담펜션(010-4009-0543). 도청리 반대편 신흥리에도 펜션과 민박이 있다. 청산도는 이른 아침부터 저녁까지 완도를 오가는 배가 자주 있다. 아침 첫 배로 들어가 막배로 나와 완도읍에서 하룻밤 보내는 것도 방법이다.

✳ 볼거리

청산도 북쪽에 있는 지리해수욕장은 1.2km나 되는 고운 모래밭이 펼쳐졌다. 수령 200년을 헤아리는 곰솔 800여 그루가 그 해변을 감쌌다. 지리해수욕장은 또 청산도의 해를 보내는 곳. 대모도와 소모도 너머로 지는 해가 바다를 붉게 물들인다. 최근 완도에서 신지도를 거쳐 강진으로 이어지는 연륙교가 개통되면서 해남에서 완도로 들어갔다가 다시 강진으로 나오는 드라이브를 즐길 수 있게 됐다.

순천,
조계산 굴목이재

꽃절을 찾아 고개를 넘다

✽ 승선교~선암사~편백숲~굴목이재~송광사

꽃은 다 졌는가?

늦봄이 초여름에 자리를 내주는 오월이면 꽃 타령은 시들해진다. 사실 봄은 하루가 멀게 전해지는 꽃소식이 전부다. 정월 대보름부터 동백꽃의 근황을 묻고, 급기야 섬진강 변에 매화꽃이 만발하면 상춘객들은 바빠진다. 그 뒤를 산수유와 벚꽃, 진달래가 바통을 이어받고, 마무리는 철쭉이 장식한다. 이때가 오월 중순이다. 이 시기를 지나면 남도는 여름으로 치닫는다. 그러나 아직 꽃은 지지 않았다. 매화 가운데 가장 고결하다는 선암매가 사는 전남 순천 선암사. 이 절은 꽃을 길어내는 '봄절'이다. 온 나라가 꽃소식에 들떠 있을 때 이 절에도 봄을 노래하는 꽃들이 피고 진다. 그러나 요란하지 않다. 선암매가 어둠을 밝히는 등불처럼 피어오른 뒤 다른 곳에 비해 꼭 한 박자씩

'꽃절' 선암사 경내를 연등처럼 환하게 밝히다 꽃잎을 떨군 영산홍.
선암사는 매화에서 시작해 수국에 이르기까지 봄이 다 가도록 꽃을 틔우는 절이다.

늦게 꽃이 핀다. 그것은 이 절이 터 잡은 곳이 워낙 깊은 산속인 데다 그늘이 많기 때문.

신록이 깊어지는 오월에도 선암사의 꽃물결은 끝나지 않는다. 철쭉은 녹음 속에 핏빛으로 빛나고 대웅보전 뒤에는 불심처럼 영산홍이 붉다. 수국은 선방 담장에 기대어 연둣빛 꽃망울을 수북하게 터트린다. 쌍계사에는 진즉에 진 벚꽃도 때늦게 함박눈처럼 쏟아지곤 한다. 그래서 선암사는 '꽃절'이다.

선암사를 왼쪽으로 돌아가면 조계산 굴목이재로 가는 길이다. 굴목이재는 한국 불교의 양대 산맥이라 불리는 선암사와 송광사를 잇는 고개다. 선암사는 태고종의 본산이고, 송광사는 조계종 삼보사찰 가운데 승보사찰로 사세를 단단히 떨치고 있다. 이 두 절을 이으며 조계산 팔부 능선을 넘어가는 고개가 굴목이재다. 굴목이재는 활엽수림이 선사하는 녹음을 만끽할 수 있는 곳이다. 굴참나무와 상수리나무가 베풀어 놓은 짙은 숲 그늘이 선암사부터 산길이 끝나는 송광사까지 이어졌다.

선암사로 들 때부터 조계산의 숲 그늘을 실감하게 된다. 매표소에서 선암사에 이르는 길은 한여름에도 더위를 모를 만큼 울창하다. 그 우거진 숲길을 따라가면 무지개다리 승선교가 계곡 위에 걸려 있다. 계곡은 시원한 물소리를 토하며 다리 아래에 있는 바위와 이끼를 핥으며 흘러간다. 그 녹음 짙은 길의 종착점은 선암사가 아니다. 20리쯤 되는 산길을 따라 조계산을 훌쩍 넘어 송광사까지 이어진다.

승선교에서 두어 걸음이면 선암사에 닿는다. 참선 도량 선암사를 말하는 것은 차고 넘친다. 저 유명한 화장실(?) 해우소를 비롯해 눈에 밟히는 당우 대부분이 예사롭지 않은 것들이다. 선암사의 깊은 도량을 말해 주는 것 가운데 차를 빼놓을 수 없다. 선암사는 차의 전통을 소중하게 지키고 있는 절 가운데 하나다. 이 절로 드는 길가의 산비탈에는 최근에 조성한 차밭이 많다. 선암사 차밭은 일주문 오른쪽과 칠전선원 뒤편에 자리한다. 이곳의 차밭은 선암사의 스님들이 직접 수확하고 덖는다.

선암사에 차밭이 조성된 것은 신라 말. 풍수지리 사상의 기틀을 세운 도선국사가 처음 씨를 뿌렸다고 한다. 고려 시대에는 대각국사 의천에 의해 차밭이 커졌다. 조선 시대 들어와서는 차와 선의 만남을 화두로 삼은 침굉대사가 차밭을 넓히고 가꿔 오늘날의 규모로 만들었다. 그때부터 차밭을 관리하는 스님을 따로 두었는데, 침굉대사를 1대로 해서 지금까지 17대에 이른다. 선암사의 오랜 차 문화를 알 수 있는 곳은 칠전선원이다. 선암사에서 가장 깊숙한 곳에 자리한 이곳은 스님들이 수행을 하며 차를 즐겼던 모습을 볼 수 있는 유일한 공간이다. 칠전선원 뒤뜰에는 세 개의 돌샘에 대나무 홈통으로 물을 흘려보내는 삼탕이 있다. 제일 위에 자리한 돌샘에서 뜨는 물로는 차를 달이고, 두 번째 돌샘에서 뜨는 물로는 밥을 짓는다. 마지막 돌샘에서 뜨는 물로는 허드렛일을 한다. 차에 대한 각별한 배려. 칠전선원 부엌에는 차를 덖을 때 썼던, 바닥 두께가 12cm나 된다는 가마솥이 걸려 있다. 차를 달이던 부뚜막과 찻잔을 나르던 쪽문도 고스란히 남아 있다.

선암사 승선교는 운치가 넘친다. 계곡물이 쏟아져 내려오는
둥근 아치의 운치는 계곡에서 봐야 제대로다.

선암사에서 굴목이재로 향하는 길에는 왕벚꽃나무가 수문장처럼 버티고 서 있다. 이 고목이 피워내는 벚꽃은 오월에 흩날린다. 연둣빛이 넘실거리는 숲에서 함박눈처럼 날리는 벚꽃은 운치가 있다. 널찍한 산길은 떨어진 꽃으로 온통 하얗게 도배된다. 그곳에서 다리를 건너 두어 걸음이면 굴목이재를 향한 본격적인 산길이 시작된다. 그러나 이마에 땀이 영글기도 전에 발길을 멈추고 만다. 활엽수의 바다라는 조계산에 보석처럼 박힌 편백 군락이 '게 섯거라'고 외치기 때문이다.

선암사의 편백은 수령 60~70년 된 것들이다. 한 아름씩 되는 녀석들이 곧장 수직으로 솟구친 모습이 장관이다. 그 깊은 편백숲에는 오월이면 노랑꽃을 틔운 피나물이 불길처럼 번진다. 어둑어둑한 숲이 녀석들로 인해 등불을 밝힌 것처럼 환하다. 또 계곡에서 흘러내리는 물 소리가 푸른 비처럼 떨어진다. 어찌 발길을 쉽게 옮길 수 있을까. 이 때문에 사람들은 편백숲에 마련해 놓은 벤치에 앉아 한참씩 쉬었다 가게 된다.

편백 군락을 지나면 등산로는 제법 산길다워진다. 숱한 등산객들의 발길을 받아내 헐벗은 산길은 툭툭 불거진 바위들과 꿈틀꿈틀 뻗어나간 나무뿌리가 덮고 있다. 그 산길을 터벅터벅 걸으며 옛사람들을 떠올려 볼 일이다. 이 길을 따라 선암사와 송광사, 두 절의 스님들이 오가며 우정을 나눴다. 이 길을 따라 승주의 처녀는 꽃가마를 타고 낙안읍성으로 시집을 갔다. 어디 그뿐이랴. 조정래의 소설 《태백산맥》의 무대도 이곳 조계산이다. 소설 속에는 이데올로기의 포로가 되어 서로의 가슴에 총을 겨눴던 해방 전후의 피비린내 나는 역사가 이 산을 무대로 드라마틱하게 펼쳐진다.

　조계산의 활엽수는 예부터 이름났다. 근동의 사람들이 구들장을 데울 때 쓴 숯은 죄다 조계산에서 난 것이다. 50여 년 전 만해도 골짜기마다 한두 곳쯤 숯가마가 있었다고 한다. 조계산 자락에 숯가마가 쉰 개도 넘었다는 얘기다. 그 많던 숯가마는 세월의 뒤안길로 사라졌다. 연탄과 석유가 숯의 자리를 빠르게 메웠다. 굴목이재로 오르는 길가에 자리한, 이끼에 덮인 숯가마 터만이 한 시대의 증인으로 남아 있을 뿐이다.

　숯가마 터를 지나면서 계곡물 흘러가는 소리가 저만치 멀어진다. 고갯마루가 가까워졌다는 증거다. 이곳부터 돌계단이 시작된다. 고깔을 오르는 것처럼 가파른 길이다. 고개 하나만 넘으면 된다는 생각으로 무심코 발길을 내디딘 사람들은 아차 싶은 곳이다. 그러나 힘들어만 할 일도 아니다. 심장이 터질 듯이 숨이 차면 잠시 고단한 발길을 멈춘다. 뒤를 돌아보면 눈높이와 맞춤해 펼쳐진 초록 바다가 타는 속을 씻어준다.

　굴목이재에 오르면 마음이 한결 편해진다. 이제 코가 땅에 닿을 듯이 가파른 오르막은 없다. 사실 굴목이재는 두 개다. 선암사에서 오르는 길의 고갯마루는 선암굴목이재라 부르고, 송광사로 내려가는 길에 있는 고갯마루는 송광굴목이재로 부른다. 하지만 선암굴목이재부터 송광굴목이재로 가는 길은 큰 힘 들이지 않고도 갈 수 있는 적당한 오르막이라 걱정을 놓아도 된다. 힘이 남아도는 건각이라면 이곳에서 배바위를 거쳐 조계산 정상을 밟아보는 것도 좋다.

선암굴목이재부터 마음이 급해진다. 선암굴목이재와 송광굴목이재 사이에 자리한 맴사골 보리밥집의 구수한 밥 내음 때문이다. 선암굴목이재에서 가파른 계단을 내려가면 계곡에 걸친 나무다리가 나온다. 그 다리를 건너면 사람들이 주막집이라 부르는 보리밥집이 있다. 40년 전부터 자리를 지켜온 이 집의 보리밥은 미식가들에게도 이미 이름이 나 있다. 굴목이재를 넘겠다고 나선 사람들 가운데는 이 집의 보리밥을 목표로 하는 이들이 있을 정도다.

물레방아가 돌아가는 계곡가의 키 낮은 주막집. 몇 아름이 넘는 느티나무 아래 놓인 평상에 앉아 골바람 쐬어가며 동동주 한 잔 걸치는 기분을 어떻게 다 설명할 수 있을까. 보리밥은 또 얼마나 단지 모른다. 짙은 녹음 속을 걸으며 땀을 흠뻑 흘린 탓도 있겠지만 전라도의 푸짐한 인심이 담긴 보리밥은 꿀맛이다. 상추와 돌나물, 참나물, 버섯 등의 산채는 이 집에서 직접 기르거나 조계산에서 딴 것들이다. 이 산나물을 듬뿍 넣고 고추장에 참기름 한 방울 살짝 쳐서 썩썩 비비면 밥 한 사발이 게 눈 감추듯 비워진다. 장작불로 알불을 만들어 가마솥에서 펄펄 끓여내는 구수한 숭늉은 또 어떤가. 그렇게 배를 불리고 나면 산행은 그만 접고 평상에 누워 한숨 낮잠을 청하고 싶은 마음만 굴뚝같아진다.

그러나 아직 갈 길은 남았다. 행복한 점심은 추억으로 돌리고 게으른 발걸음을 송광굴목이재로 옮겨야 한다. 송광굴목이재로 가는 길은 경사가 완만하다. 그러나 대부분 발이 굼뜨다. 짐작이 가겠지만 주막집에서 동동주

: 순천, 조계산 굴목이재

1 굴목이재를 넘는 마지막은 숨이 꼴딱 넘어갈 만큼 가파르다. 그러나 이 고개 위에 푸짐한 시골밥상이 기다리고 있어 힘이 난다. **2** 선암사를 지나 굴목이재로 올라가다 보면 편백숲을 지난다. 편백은 언제나 곧고 당당하다.

와 보리밥으로 한껏 배를 불려놨기 때문이다. 사람 키를 훌쩍 넘는 철쭉 숲을 지나면 송광굴목이재다. 이제부터 송광사까지는 줄곧 내리막이다. 여전히 활엽수가 만든 숲 그늘 속으로 산길은 이어진다. 그러나 같은 활엽수림이라도 선암사 쪽과는 다르다. 샛노란 꽃망울을 틔우고 지천으로 널려 있던 피나물은 사라지고, 그 자리를 빼곡하게 자란 시누대가 차지했다.

송광사로 하산하는 길은 조금 지루하다. 선암사에서 오르는 길처럼 시원한 풍경이 아니다. 그래도 하산길이다. 쉬엄쉬엄 40분쯤 내려가면 시원한 계곡물 소리가 마중을 나온다. 계곡에 걸린 다리 세 개를 지나면 송광사다. 해인사, 통도사와 더불어 우리나라 삼보사찰의 하나로 불리는 절이다. 송광사는 고려 말 보조국사 지눌이 타락한 불교를 쇄신하자고 정혜결사를 부르짖었던 절이다. 그 후 송광사는 큰 스님의 맥을 잇는 승보사찰이 됐다. 이 절에 내재된 깊은 정신은 200여 명의 학승들이 조계산의 아침을 여는 장엄한 새벽 예불에서 확인할 수 있다.

송광사로 드는 다리이자 정자인 우화각은 걸터앉아 다리쉼하기 좋다. 다리 밑으로 흐르는 듯 마는 듯한 잔잔한 계곡물에 연둣빛 숲이 담겨 있다. 이 숲은 여름이 깊어질수록 더욱 짙어질 것이다. 또 가을이면 붉은 융단을 펼친 것처럼 단풍으로 물들 것이다.

굴목이재를 넘어 조금 지루한 하산길을 따라가면 송광사에 닿는다. 정자 겸 다리인 우화각에 걸터앉아 다리쉼을 하며, 수백 명의 스님이 한 목소리로 읊는 송광사 새벽 예불의 장관을 떠올려보자.

info.

위치 전남 순천시 승주읍 선암사길 450(선암사) **교통** 버스, 자가운전 **코스&소요시간** 매표소~승선교~선암사~편백숲~선암굴목이재~맴사골 보리밥집~송광굴목이재~송광사 4시간 **난이도** ★★★☆☆ **추천 계절** 봄~가을 **준비물** 물, 간식, 도시락 **문의** 순천시 문화관광과(061-749-3022)

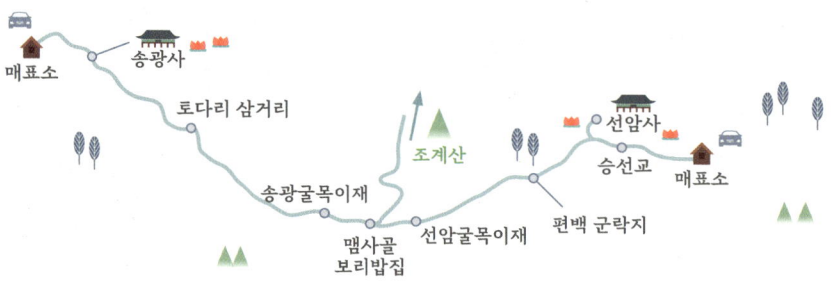

※ 길라잡이

선암사에서 송광사까지는 6.8km. 3시간이 조금 넘는 길이다. 점심 먹는 시간을 포함하면 4시간은 잡아야 한다. 어느 쪽을 들머리로 잡아도 상관은 없다. 하지만 선암사에서 출발하는 게 조금 쉽다. 또한 산길을 오르며 볼 것도 많다. 굴목이재의 높이는 680m. 등산화를 신고 가야 발의 피로를 덜 수 있다. 샛길이 많지만 이정표가 잘 되어 있어 안심이다. 등산로도 험한 곳이 없어 초등학교 저학년도 편하게 오를 수 있다. 다만 선암굴목이재로 올라서는 1km 구간의 오르막길이 가파른 편이다.

※ 가는 길

경부와 호남고속도로를 이용해 승주IC로 나온다. 승주IC에서 선암사까지는 15분 거리다. 산행을 마치고 송광사에서 선암사로 돌아갈 때는 버스를 이용한다. 송광사에서 30분 간격으로 운행하는 순천행 버스를 타고 승주읍에 내린다. 승주읍에서 선암사까지 버스 편이 자주 있다. 대중교통을 이용하는 것도 편리하다. 강남터미널 호남선에서 순천으로 가는 고속버스가 수시로 운행된다. 순천~선암사도 버스 편이 자주 있다. 돌아올 때는 송광사에서 직행버스를 타고 광주로 간 뒤 광주터미널에서 서울로 올 수도 있다.

✽ 맛집

굴목이재에 있는 맴사골 보리밥집(사진)에서 점심을 먹는 일정으로 짠다. 12가지 반찬에 된장국이 딸려 나오는 밥상이 7,000원이다. 송광사나 선암사 입구에는 산채정식을 잘하는 집이 여럿이다. 대부분 30년 이상의 역사를 간직한 집들이다. 어느 집을 가더라도 후덕한 전라도의 인심을 맛볼 수 있다. 선암사 입구 길상식당(061-754-5599), 산채정식 1인분 15,000원.

✽ 숙박

선암사와 송광사 입구에 민박과 여관이 많다. 다만, 대부분 시설이 낡고 오래됐다. 선암사 입구에 있는 은하수 한옥펜션(010-6276-6430)은 최근에 지어진 깨끗한 한옥이다. 송광사 쪽에는 식당을 겸하는 송광여관(061-755-2125) 등이 있다.

✽ 볼거리

송광사에서 20분 거리에 낙안읍성(사진)이 있다. 충남 서산 해미읍성과 더불어 평야지대에 만든 성 가운데 보존이 가장 잘된 곳이다. 읍성 안에는 지금도 사람들이 살고 있다. 가을이면 초가지붕을 얹는다고 바쁘다. 읍성 성곽을 따라 한 바퀴 돌면 타임머신을 타고 과거로 돌아간 기분이다. 읍성 안에는 주막 같은 술집이 있고, 장작불로 구들장을 데워주는 민박집도 있다. 세계적으로 인정받은 순천만 습지에는 순천만 국가정원과 갈대숲이 있어 생태 여행지로 인기다.

장성,
축령산 편백숲

나무 심는 사람이
베풀고 간 축복

※ 금곡마을~산림치유필드~조림비

숲으로 난 길을 보면 무조건 걷고 싶다. 그것도 저처럼 올곧고 굵은 편백숲으로 난 길이라면 더욱 걷고 싶다. 후대에 이 길을 선사하고 간 나무 심는 사람을 떠올리면서 말이다.

프랑스 프로방스 지방의 황량한 고원을 여행하던 한 사내가 양치기 노인을 만나 음식과 잠자리를 신세진다. 양치기의 이름은 엘지아. 그는 도토리를 주어다 황폐한 고원에 나무를 심는다. 도토리 100개를 심으면 고작 10개가 싹을 틔우는, 사람들이 무모하다고 말하는 일을 계속한다. 10년 뒤, 사내가 다시 그곳을 찾았을 때 황폐한 고원은 숲으로 변해 있었다. 숲에 시냇물이 흐르고 마을이 들어앉아 있었다. 그 모든 일이 나무를 심는 일을 천직으로 여겼던 양치기 노인 덕분이다.

프랑스 소설가 장 지오노가 쓴 《나무를 심는 사람》이라는 책의 줄거리다. 이 책은 숲을 가꾸는 일의 소중함을 일깨워 준다. 한 그루의 나무가 모아지고 또 모아지면 푸른 숲이 된다는 것을 동화같이 풋풋한 이야기로 들려준다. 우리나라에도 양치기 노인처럼 나무 심는 일을 평생의 업으로 삼았던 이가 있었다. 이 땅의 산이란 산은 전쟁의 참화 속에 모두 벌거숭이였던 70여 년 전. 사람들이 산에서 나무를 얻어 가는 데 힘을 쏟을 때 반대로 나무를 심는 데 온 힘을 기울였던 사람이 있었다. 그의 이름은 춘원 임종국(1915~1987). 이름 석 자 앞에 '산림왕'이란 별칭이 붙는다. 그가 평생에 걸쳐 나무를 심은 전남 장성 축령산은 지금 '미래의 숲'으로 불리며 사람들의 사랑을 받고 있다. 산림청은 이 숲을 '22세기 후손에게 물려줄 숲'으로 지정했다. 2000년에 열린 '아름다운 숲 전국대회'에서도 우수상을 받았다.

춘원은 이름부터가 숲과 연관이 있다. 춘원 임정국 이름을 한자로 쓰면 '林種國'이다. 숲(林)과 씨(種)와 나라(國)가 이름 석 자에 모두 들어 있다. 좋은 뜻으로 풀어서 해석하면 '나무 씨를 뿌려 나라에 기여하다'는 뜻이다. 이보다 더 그의 삶을 드러내는 것이 또 있을까. 춘원이 축령산에 나무를 심겠다고 결심한 것은 장성군 덕진리에 있는 삼나무와 편백숲을 보면서다. 이 숲은 동아일보 창립자 인촌 김성수가 일제 강점기에 조림한 것이다. 헐벗은 산과 달리 한겨울에도 푸른 기운을 사방에 떨치며 치솟은 나무를 보며 춘원은 나무를 심고 가꾸는 일이 나라 사랑의 길이라는 확고한 신념을 얻었다.

  춘원이 최초로 조림사업을 시작한 때는 1955년. 그해 1ha에 삼나무와 편백 5,000본을 시험적으로 심었다. 나무들은 튼튼하게 뿌리를 내렸다. 이에 자신감을 얻은 춘원은 이듬해부터 본격적으로 나무를 심기 시작했다. 춘원이 1956년부터 1976년까지 20여 년 동안 심은 나무는 253만 주에 달했다. 면적은 569ha나 됐다. 여의도보다 2배 가까이 넓은 규모다. 그러나 나무를 심는 일은 생각처럼 쉽지 않았다. 춘원은 조림사업에 전 재산을 쏟아부었다. 양잠을 통해 번 돈은 물론 집과 논밭을 판 돈도 조림사업에 바쳤다. 나중에는 그것도 모자라 빚까지 져가며 나무 심기를 계속했다. 그에게 나무는 자식만큼 귀한 존재였다.

  조림사업에 대한 춘원의 집념 가운데 지금도 회자되는 일화가 있다. 가뭄으로 죽어가는 나무를 살리겠다고 물지게로 물을 퍼 올린 일이다. 1968년과 1969년 극심한 가뭄이 들었다. 논농사는 물론 밭농사도 망칠 지경이었다. 산에 심어 놓은 나무도 가뭄에 목이 타기는 마찬가지였다. 그 해에 심은 것은 물론 전년에 심은 나무도 말라 죽어갔다. 춘원은 애가 탔다. 그대로 보고만 있을 수 없었다. 그래서 생각해낸 것이 물지게였다. 물지게로 물을 퍼 날라 고사 직전에 빠진 나무에게 물을 주는 일이었다. 춘원의 행동에 마을 사람들은 비웃었다. 농작물도 살리기 힘든 판에 험한 산까지 물을 지어 올린다는 것은 우매한 일이었다. 그러나 춘원은 멈추지 않았다. 가족들도 물지게를 들고 산길을 오르내리기 시작했다. 그러자 마을 사람들이 동요하기 시작했다. 나무를 살리기 위해 몸을 아끼지 않는 춘원에게 감동받기 시작한 것이다. 마침내 주민들도 물지게를 들고 나섰다. 춘원과 함께 죽어가는 나무들을 살리기 시작한 것이다.

축령산 편백숲은 이렇게 만들어졌다. 일생일대의 사업으로 나무를 심었던 춘원은 1987년 하늘나라로 돌아갔다. 그가 타계한 후 한때 축령산은 다른 사람의 손에 넘어가 벌목으로 상처를 입기도 했다. 그러나 산림청이 춘원의 뜻을 기리기 위해 이 숲을 매입하면서 예전의 모습을 되찾게 됐다. 그후 전북 순창군 선영에 안치됐던 춘원은 다시 축령산으로 돌아왔다. 그는 축령산 중턱 편백숲 한가운데에 있는 느티나무 아래 수목장됐다. 산림청은 춘원의 공을 기려 그를 '숲의 명예전당'에 모셨다.

산림청은 축령산을 치유의 숲으로 조성했다. 편백숲을 돌아보는 여러 갈래의 산책로를 만들고, 사람들이 숲에서 쉴 수 있는 쉼터를 조성했다. 이처럼 축령산에 숲길을 조성할 수 있었던 것은 잘 만들어진 임도가 있기 때문이다. 임도는 말 그대로 나무를 관리하기 위해 조성한 도로다. 축령산에는 10.8km의 임도가 있다. 이 임도를 따라 하늘숲길, 건강숲길, 산소숲길, 숲내

축령산 편백숲은 임도를 따라 여러 갈래로 퍼져 있다. 여의도 넓이의 두 배나 되는 이 숲은 산림왕 임종국이 평생을 거쳐 만들었다.

장성, 축령산 편백숲

1 축령산 편백숲은 가을에도 운치가 있다. 불 난 듯이 번지는 단풍 속에 하늘로 쭉쭉 뻗어 올라간 편백을 볼 수 있다. 2 축령산 편백숲으로 드는 길목은 많다. 그러나 어디서 출발하든 길은 축령산 중심부로 모아진다. 3 편백숲에 들어서면 피톤치드에 정신이 맑아진다. 나무 가운데 가장 많은 피톤치드를 내뿜는 게 편백이다.

음숲길, 물소리숲길, 맨발숲길 6개의 산책로가 있다. 또 임도가 시작되는 곳을 따라 모암, 금곡, 추암마을에 진입로가 있다. 이 가운데 가장 많이 찾는 곳은 모암마을이다. 이곳을 기점으로 다양한 숲길이 있다. 축령산 정상을 목표로 하는 이들도 대부분 모암마을을 들머리로 한다. 그러나 금곡마을을 들머리로 하는 코스도 이에 뒤지지 않을 만큼 좋다.

축령산 북쪽에 자리한 금곡마을은 영화 〈태백산맥〉과 〈내 마음의 풍금〉, 드라마 〈왕초〉의 촬영지다. 지금은 이엉으로 지붕을 얹은 초가집이 드물지만 영화를 찍을 때만 해도 마을 대부분이 초가집이었다. 그 모습은 50~60년 전 시골 마을의 전형 같았다. 과거 우리네 고향도 이 마을처럼 생활과 정서가 일치되어 살았던 시절이 있었다. 그러나 시절은 빠르게 변했다. 지금 금곡마을에 남아 있는 초가집은 영화 세트를 보존하는 정도다. 그래도 이런 마을이 아직 남아 있다는 것이 새삼 고맙다.

축령산 편백숲으로 가는 길은 금곡마을 끝 초가로 지붕을 만든 우물에서 시작된다. 이곳에서 왼쪽으로 방향을 잡으면 편백이 싱싱한 자태를 뽐내는 숲으로 간다. 초입은 특별할 게 없다. 길도 시멘트포장과 비포장이 번갈아가며 나타난다. 고갯마루에 닿을 때까지는 확실하게 마음을 휘어잡는 숲이 없다. 오히려 활엽수림이 더 큰 군락을 이룬 곳도 있다. 그러나 갈 지(之) 자를 그리는 길을 따라가 고갯마루에 올라서면 축령산의 진가가 모습을 드러낸다. 임도를 따라 아름드리 편백들이 사열하듯 서 있다. 하늘을 향해 거침없이 쭉쭉 뻗은 편백의 위용은 대단하다. 한 세상 살려면 이처럼 올곧게 살아야 한다는 것을 시위라도 하듯이 수직으로 솟아 있다. 이 숲은 사시사철 푸르다. 숲이 워낙 우거져 한낮에도 어둑어둑하다.

　　삼나무와 편백을 돌아보는 임도는 곧게 뻗은 적이 없다. 부드럽게 휘어져 돌며 곡선의 아름다움을 마음껏 뽐낸다. 숲길을 따라 편의시설도 잘 갖춰져 있다. 팍팍한 다리 쉬어가라고 벤치도 곳곳에 만들어 놨고, 갈증을 풀고 가라고 샘도 만들어 놨다. 화장실도 곳곳에 있다. 맑은 샘물은 타는 속을 달래준다. 벤치에 앉아 고개를 넘어오느라 흘린 땀을 식히고 다리쉼을 하다 보면 축령산의 맑은 기운이 느껴진다. 아니, 이 숲을 만든 춘원이 선사하는 고마운 공기다.

　　편백숲에 들면 서늘한 기운에 정신이 맑아진다. 나무가 내뿜는 피톤치드 때문이다. 피톤치드는 나무들이 해충으로부터 자신을 방어하기 위해 공기 중에 발산하는 물질을 말한다. 피톤치드는 해충에게는 치명적이지만 인간에게는 아주 이롭다. 피톤치드는 항균과 진정효과, 스트레스 해소에 도움을 준다. 피톤치드만 놓고 따진다면 축령산의 숲은 다른 숲에 비해 아주 특별하다. 이는 수종이 다르기 때문이다. 모든 나무는 피톤치드를 발산한다. 하지만 발산하는 양은 큰 차이가 있다. 침엽수가 활엽수보다 2배 이상 많다. 침엽수 중에서도 편백이 가장 많은 피톤치드를 내뿜는다. 전국의 삼림욕장 중 축령산을 으뜸으로 치는 이유다.

　　샘터 곁에 '삼림욕장 1km, 조림 기념비 1.2km'라 적힌 이정표가 있다. 이곳에서 300m쯤 가면 산림치유필드 이정표가 있다. 금곡마을에서 3.3km.

어른 걸음으로 1시간쯤 걸린다. 이곳은 모암마을에서 올라오는 길과 만나는 곳이다. 우물터도 있다. 축령산 정상도 이곳에서 올라간다. 산림치유필드 이 정표가 있는 곳에서 200m 거리에 임종국 수목장이 있다. 특별한 볼거리가 있는 것은 아니지만, 그래도 이 고마운 숲을 만든 이를 찾아보는 발길은 뜻 깊다.

하산은 다시 금곡마을로 잡는다. 왔던 길을 되짚어 가도 되고, 우회로를 이용해도 된다. 왔던 길을 되짚어 가 고개를 넘으면 두 갈래 갈림길이 나온다. 왼쪽으로 가면 왔던 길을 따라 금곡마을로 되돌아간다. 오른쪽 길은 금곡마을로 드는 길 초입과 연결되어 있다. 어느 길로 가도 시간은 얼추 비슷하다. 편한 내리막길이라 취향대로 선택하면 된다. 대중교통을 이용했다면 모암마을이나 추암마을 어디를 선택해도 상관없다. 그러나 어느 길로 가더라도 잊지 말아야 할 것이 있다. 숲에 자신의 영혼을 불어넣은 거룩한 이를 떠올려 보는 일이다. 평생 나무를 심다 스스로 나무가 된 춘원 임종국을.

축령산 편백숲을 걷넘다 보면 줄에 자신의 영혼을 불어넣었던
거룩한 영혼 준원 임종국을 떠올리게 된다.

info.

위치 전남 장성군 북일면 문암리 666-3(금곡마을) **교통** 자가운전 **코스&소요시간** 금곡마을~고갯마루~산림치유필드 왕복 3시간 **난이도** ★★★☆☆ **추천 계절** 봄~가을 **준비물** 물, 간식, 도시락 **문의** 장성산림치유센터(061-393-1777)

✻ 길라잡이

축령산 편백숲은 들머리가 많다. 어느 곳으로 올라도 상관없다. 가장 많이 찾는 곳은 모암마을이다. 이곳에 다양한 숲길이 조성되어 있다. 초반에 데크로 이어진 길과 비포장길이 같이 있다. 500m 올라오면 만남의 광장이 있고, 이곳부터 길이 여러 갈래로 나뉜다. 큰 길을 곧장 따라가면 금곡마을에서 올라오는 산림치유필드와 만난다. 옛길을 따라 한적하게 걷고 싶다면 금곡마을을 들머리로 하는 게 좋다. 금곡마을에서 올라가는 길이 걷기도 수월하다. 금곡마을에서 고갯마루를 넘기 전까지가 조금 힘들 뿐 나머지는 걷기 편하다. 짧게 돌아보고 싶다면 모암마을을 들머리로 잡자.

✻ 가는 길

호남고속도로 백양사IC로 나온다. 734번 지방도를 따라 장성 방향으로 가다 북일면 신흥리 교차로에서 우회전, 708번 지방도를 따라 4km 가면 문암리 금곡영화마을 입구다. 모암마을은 2km 전에서 좌회전한다.

✻ 맛집

모암마을 입구에 있는 마음한끼(061-394-8045)는 인테리어가 깔끔한 집으로 두부요리를 잘한다. 마음한끼 정식 1만7,000원, 해물순두부 1만원. 산내들식당(061-393-9359)은 오리 요리를 잘 하는 집이다. 솔잎 한방 오리약찜 6만 원.

✻ 숙박

금곡마을에는 축령산편백하우스(010-2555-5588), 팔경하우스펜션(010-2849-6214) 등의 펜션이 있다. 모암마을에는 축령산황토편백펜션(010-2741-8130), 숲정이펜션(010-4491-4200)을 비롯해 몇 곳의 숙박 시설이 있다. 홍길동 테마파크 오토캠핑장에서 캠핑을 할 수도 있다.

✲ 볼거리

축령산에서 가까운 곳에 홍길동 테마파크(061-394-7240)가 있다. 장성군은 우리나라 최초의 한글 소설 《홍길동전》에 등장하는 홍길동이 실존인물이었고, 그가 황룡면 아곡리 아차실 마을에서 태어났다고 주장한다. 장성군은 홍길동 생가터를 중심으로 생가 복원 및 테마파크를 조성했다. 소설 속 등장인물도 밀랍인형으로 만들어 놨다. 테마파크 내에 오토캠핑장도 있다. 축령산에서 차량으로 30분 거리의 백양사(사진)는 장성에서 제일가는 여행지다. '이뭣고' 탑이 있는 이 절은 봄에는 벚꽃, 가을에는 단풍이 유명하다. 특히, 절 마당에서 바라보는 학바위와 대웅전이 그림처럼 아름답다. 이 절 뒤에는 우리나라에서 가장 북쪽에서 자라는 것으로 알려진 비자나무숲이 있다. 또 산길로 30분을 가면 학바위에 기댄 암자 영천암과, 맑은 물이 샘솟는 영천샘이 있다. 이곳에서 내려다보는 백양사와 산세가 아름답다.

임실,
섬진강

강물 따라 흐르는
시의 선율

❋ 장산~진메~천담~구담~장구목

    시인에게 고향은 시의 원천이다. 감성의 근원이다. 시인은 나고 자란 땅에서 영감을 얻어 영롱한 시구로 표현한다. 시인뿐만이 아니다. 우리네 가슴에는 항상 고향에 대한 그리움이 존재한다. 질풍노도의 청소년기에는 그곳을 벗어나려 몸부림치지만 나잇살을 먹거나 타향살이가 깊어지면 고향은 늘 아련한 그리움으로 남는다. 언젠가는 돌아가야 할 품으로 말이다.

    시인 김용택. 그의 이름 앞에는 '섬진강 시인'이란 애칭이 따라다닌다. 그가 나고 자란 곳이 섬진강이고, 교편을 잡고 아이들을 가르치다 정년퇴직한 곳도 섬진강이다. 그의 시상은 항상 섬진강을 조준하고 있고, 그의 감수성은 섬진강에서 길어낸 것들이다. 시인의 마을. 그곳을 찾아가는 것만큼 행복한 여정도 없다. 김용택 시인은 섬진강 오백 리 가운데 임실군 덕치면에서 순창군 동계면 구간이 가장 아름답다고 말하곤 했다. 시인이 태어나고 자란

장구목 앞 섬진강이 저녁노을을 받아 금빛으로 물들고 있다.
'섬진강 시인' 김용택이 나고 자란 이곳은 가장 한국적인 강마을 풍경을 간직한 곳이다.

곳이기 때문만은 아니다. 실제로 그곳에는 때 묻지 않은 아름다운 마을과 길이 있다.

김용택 시인이 사는 섬진강은 예나 지금이나 오지다. 섬진강 상류의 맑은 물과 산이 서로 얼싸안고 돌아간다. 어느 마을은 불과 몇 해 전에 시멘트포장이 되어 문명의 혜택을 봤다. 그러나 아직 버스가 들어가지 않는 마을도 있다. 마을과 마을은 지금도 강에 놓인 징검다리를 건너서 오가기도 한다. 그중 한 마을이 시인 김용택이 나고 자란 진메(장산)마을이다. 아니 시인이 난 마을은 중요치 않다. 천담, 구담, 내룡, 장구목 등 섬진강을 끼고 있는 주변의 강마을이 모두 시의 무대다. 시인이 절창으로 뽑아낸 시구가 상상력에 의존한 것이 아닌, 실존하는 것에서 모티브를 따왔다는 것이 감동적이다. 섬진강을 따라가는 여정이 뜻깊은 이유다.

임실에서 순창으로 가는 길가 양지바른 언덕에 덕치초등학교가 있다. 시인이 마지막까지 교편을 잡았던 곳이다. 시인은 천담분교를 시작으로 몇 곳의 학교에서 아이들을 가르쳤다. 그러나 그가 머물고 싶었던 곳은 고향이 있는 덕치였다. 덕치초등학교는 '이런 곳에서 학교를 다녔으면 좋겠다'는 생각이 저절로 들 만큼 아담하면서 정겹다.

27번 국도에서 장산마을 표지석을 따라간다. 진메마을에 닿기 전까지 풍경은 특별할 게 없다. 섬진강도 보이지 않고, 흔히 마주하는 농촌마을과 별반 다르지 않다. 그러나 진메마을부터 풍경이 바뀐다. 이곳부터 섬진강이 동행을 자처한다. 마을 앞에는 여름이면 짙은 그늘로 사람들의 쉼터가 되어

주는 느티나무가 서 있다. 느티나무 앞으로는 야위어진 섬진강이 흘러간다. 강은 징검나리로 건널 수 있을 만큼 폭이 좁다. 강 건너에는 봄이면 벚꽃, 여름에는 녹음, 가을에는 붉디붉은 단풍이 내려앉는 산자락이 있다.

　마을에서 김용택 시인의 생가를 찾는 일은 쉽다. 지나가는 마을 사람 누구에게 물어도 친절하게 알려준다. 그런 친절함에는 진메마을을 그토록 아름답게 문학 세계에 등장시킨 시인에 대한 고마움이 묻어난다. 언젠가 마을에서 만난 할머니에게 김용택 시인의 집이 어디냐고 물었는데, 그분이 바로 시인의 어머니였던 기억이 있다. 어머니에게는 아들이 쓴 시를 보고 사람들이 진메마을을 찾아온다는 것이 무한한 기쁨이자 자랑이었다. 어머니는 항상 시인의 서재를 열어두었다. 툇마루 위에 나 있는 여닫이문을 열어두어 먼 길을 찾아온 발길이 서운하지 않도록 했다. 서재의 책상에는 시인에게 온 책이며 잡지가 놓여 있었다. 그 뒤로 시인이 읽었던 책들이 가지런히 꽂혀 있는 책장이 빙 둘러 있었다. 마당은 언제나 곱게 비질되어 있었다. 그렇게 살뜰하게 시인의 집을 돌보던 어머니는 이제 없다. 몸이 편찮으셔서 요양원으로 가셨다. 그 대신 전주와 고향 마을을 오가던 시인이 눌러앉았다. 생가 뒤편에 집을 짓고 어머니의 빈자리를 채우고 있다. 진메마을을 찾는 여행자들은 시인과 인사 나누기를 소망한다. 그러나 시인을 보지 못할 수도 있다. 시인도 생활인이기에 그렇다.

　진메마을 입구에는 특별한 비석이 있다. 조그만 자연석을 이용한 이 비석은 이제는 하늘나라로 돌아간 부모에게 감사하는 마음으로 자식들이

1	
2	3

1 김용택 시인의 생가가 있는 진메마을에는 몇 아름도 넘는 느티나무가 있다. **2** 진메마을에서 섬진강을 따라 천담마을로 가는 강변에는 김용택 시인의 시를 적은 시비가 있어 하나씩 찾아가며 읽는 재미가 있다. **3** 김용택 시인의 생가가 있는 진메마을은 섬진강 자전거 여행이 시작되는 곳이다.

새운 것이다. 그들이 한 가족을 이루고 살았던 곳에 세운 이 소박한 비석에는 '부모님 비록 가난했지만 참 행복했습니다'라는 자식들의 감사의 마음이 적혀 있다. 시인의 마을이라서일까. 마을 사람들도 모두 시인을 닮아가고 있다.

진메마을을 지나면 섬진강을 따라 크게 돈다. 예전에는 강을 따라난 흙길을 걸어가는 맛이 좋았지만, 지금은 말끔히 포장됐다. 이 길을 따라 내려가면 천담마을에 닿는다. 천담마을에는 지금은 폐교된 천담분교가 있다. 천담분교는 오랫동안 비어 있다가 최근에 캠핑장으로 조성됐다. 천담분교도 한때 김용택 시인이 머물던 곳이다. 주변 마을에 사는 아이들은 섬진강을 따라 아침 이슬에 바짓가랑이가 축축하게 젖어 학교에 오고, 저녁이면 풀피리 불며 강둑을 내달려 집으로 갔다. 그 아이들이 자라서 대처로 나가고 더는 학생이 없는 학교는 오래전 문을 닫았다. 다만 장마철에 물이 불면 강을 건너지 못하는 강 건너 마을 아이들을 안타까운 마음으로 불러보던 일들이 시인의 시 속에 남아 있을 뿐이다.

큰비가 오고
큰 붉덩물이 쿵쿵 흐릅니다
다리가, 횟다리가 넘어
학교에 못 가고

우리는 이쪽에서
선생님은 강 저쪽에서
손 모아 몇 번씩 불러 보다가
쭈그리고 앉아
물구경하다
오늘은 그냥 집에 가는 천담분교

- 〈천담분교〉 전문 -

  천담마을을 지나면 길이 강에서 멀어진다. 강 건너에는 석전마을과 용골산의 그림 같은 자태가 펼쳐진다. 섬진강을 따라 난 길은 섬진강 자전거길과 나뉘면서 산 중턱으로 이어진다. 이 길의 끝에 구담마을이 있다. 가파른 산비탈에 자리한 구담마을은 영화 〈아름다운 시절〉의 촬영지다. 한국전쟁이 끝난 후 시골을 배경으로 한 이 영화는 감독이 적당한 촬영지를 찾아 백 번도 넘게 '장소 헌팅'을 나갔다는 유명한 일화가 있다. 영화를 찍었던 곳에는 오래 묵은 당산나무 몇 그루가 서 있어 특별한 아름다움을 선사한다. 지금은 나무로 만든 데크가 놓여 있어 섬진강을 바라보는 전망대 구실을 한다.
  구담마을은 소박한 강마을 풍경도 좋지만 섬진강에 놓인 징검다리를 건너는 즐거움이 있다. 구담마을과 내룡마을을 잇는 이 징검다리는 단연컨대 지상에서 가장 아름다운 징검다리다. 이 다리를 건너볼 수 있는 것만으로도 섬진강을 찾은 이유가 되고도 남는다. 구담에서 고샅길을 따라 내려가면 금방 섬진강에 닿는다. 갈대 사이로 난 길을 따라가면 전라도 사투리로 '징하게' 아름다운 징검다리가 놓여 있다. 숱한 시절 두 마을을 이어온 내력만큼 징검다리는 튼튼하다. 섬진강이 다 쓸려 내려가도 버틸 만큼 튼튼하고 넓은 너럭바위로 만들어졌다. 지게 가득 나무를 진 농부 둘이 마주쳐도 사이좋게 지날 수 있을 만큼 넓다.

가을이면 징검다리 주변에는 갈대가 자욱하게 피어난다. 산자락을 넘어가는 해가 마지막 힘을 모아 햇살을 뿌리면 산발한 갈대의 수술이 은빛으로 빛난다. 또 강물에는 유리알처럼 맑은 빛들이 너울거리며 흘러간다. 그 징검다리에 서서 이 다리를 건너다녔을 사람들을 떠올려보는 일은 행복하다. 또한 세월이 가도 이 다리만큼은 늘 이곳에 존재하기를 바라는 마음이 간절해진다. 징검다리는 구담마을과 내룡마을을 이어주는 데 그치지 않는다. 그것은 과거와 현재를 이어주는 다리다. 현대인의 잃어버린 서정성을 되돌려 준다. 우리 가슴 저 밑바닥에 자리하고 있는 농경사회에 대한 애틋한 동경을 되살려낸다. 강과 함께 뛰놀던 지난 시절의 추억도 끄집어내 되새김질하게 만든다.

징검다리를 건너면 내룡마을이다. 이곳에서 야트막한 고개를 넘어 섬진강을 따라 내려가면 장구목에 닿는다. 구담마을에서 30분 거리다. 장구목도 영화 〈춘향전〉과 〈아름다운 시절〉의 촬영지다. 예전에는 소리꾼들이 득

: 임실, 섬진강

호수처럼 잔잔한 섬진강에 비친 녹음. 섬진강은 예나 지금이나 참 맑고 푸른 강물이 흐른다.

구담마을에서 섬진강을 건너 내룡마을로 가는 길에는 전라도 사투리로
'징하게' 아름다운 징검다리가 있다.

음을 하기 위해 단골로 찾던 곳이기도 하다. 장구목에는 아주 특별한 바위들이 있다. 이 바위는 가뭄이 들어 섬진강이 야윌 때만 모습을 드러낸다. 장구목가든 앞 섬진강 바닥에 펼쳐진 바위들은 공룡이 밟고 지나간 것처럼 움푹움푹 패여 있다. 큰비가 내리거나 장마가 져 섬진강 물살이 거셀 때 물길에 쓸려 내려온 바위들이 바닥을 핥고 지나가면서 이렇게 만들어졌다.

그중에 하나 요강바위라 불리는 것이 있다. 무게가 25t에 달하는 이 바위에는 깊이가 1.8m, 넓이가 0.8m나 되는 큰 구멍이 파여 있다. 사람 하나는 충분히 들어갈 만큼 깊다. 요강바위는 생김새가 독특하다 보니 큰 수난을 겪기도 했다. 어느 해 도둑들이 중장비를 동원해 요강바위를 훔쳐갔다고 한다. 감정가만도 10억 원을 헤아리니 욕심이 날만도 했을 것이다. 경기도 광주의 한 야산에 숨겨 놓았던 이 바위는 이를 수상히 여긴 사람이 경찰에 신고해 화를 면했다. 도둑은 잡히고, 바위는 장물로 분류되어 전주지원 남원지청으로 운반됐다. 이에 마을 사람들은 소송을 냈고, 결국 4년의 송사 끝에 요강바위는 본래의 위치로 돌아왔다.

김용택 시인의 마을을 따라나선 강물 여행은 장구목이 끝이다. 이쯤에서 다시 징검다리를 건너 구담마을로 돌아가야 한다. 그러나 섬진강은 멈추지 않는다. 강마을 사람들의 애환과 함께해온 과거에도 그랬던 것처럼 언제까지나 쉼 없이 흘러갈 것이다. 세월이 가고, 사람도 가고, 강마을 사람들의 이야기가 끝이 나도 강물은 바다를 향한 흐름을 멈추지 않을 것이다.

info.

위치 전북 임실군 덕치면 장암2길 16(김용택 시인 생가) **교통** 자가운전, 버스 **코스&소요시간** 진메~천담마을 왕복 1시간, 진메~천담~구담~장구목 왕복 4시간 **난이도** 진메~천담 ★☆☆☆☆, 진메~천담~구담~장구목~장구목 왕복 ★★☆☆☆ **추천 계절** 봄~가을 **준비물** 물, 간식, 도시락 **문의** 임실군 문화관광과(063-640-2540)

✽ 길라잡이

김용택 시인의 작품의 무대를 따라가는 섬진강 강물 여행은 일중리에서 진메와 천담, 구담을 거쳐 장구목까지 이어진다. 과거에는 비포장길이 대부분이었지만 지금은 말끔히 포장됐다. 도보 여행을 해도 되고, 차량으로 가도 된다. 또 이곳은 섬진강 자전거길이 시작되는 곳이기도 하다. 자전거가 있다면 특별한 여행을 할 수 있다. 구담마을에서 내룡마을로 가는 징검다리는 꼭 건너보는 게 좋다. 다만, 큰비가 내리거나 장마철에는 징검다리 위로 물이 넘쳐 건널 수 없다. 장구목에서 순창으로 나가는 길도 말끔히 포장됐다. 차량으로 여행하면 순창으로 나갈 수도 있다.

✽ 가는 길

일중리까지는 호남고속도로 태인IC로 나와 임실 방면으로 가는 30번 국도를 타고 온다. 덕치면 회문리에서 순창 방면 27번 국도를 따라 4.6km 가면 일중리 사거리다. 이곳에서 좌회전하면 진메마을로 간다. 장구목에서 순창으로 나온 뒤에는 순창IC에서 88고속도로를 이용한다. 대중교통은 강진(임실)을 경유한다. 서울 강남 호남선터미널에서 강진까지 1일 5회 운행한다. 강진에서 순창으로 가는 시내버스를 이용해 일중리에서 하차한다.

* 맛집
요강바위가 있는 장구목에는 장구목가든(063-653-3917)이 있다. 이 집은 토종닭 백숙을 잘 하기로 소문났다. 집 뒤껼 큼지막한 바위 위에 놓아 기르는 토종닭을 잡아주는데, 기름기 하나 없이 담백하다. 청계한방백숙 8만5,000원. 유기농 산채로 차려내는 자연밥상도 인기다. 4인 기준 6만원. 단, 사전 예약 필수다. 순창 읍내에 있는 새집식당(063-653-2271)은 순창에서 가장 오래된 식당이다. 현재 2대에 걸쳐 60여 년간 음식을 팔고 있다. 순창고추장에 버무려 굽는 석쇠 불고기와 고추장에 박아두었던 장아찌를 비롯해 40여 가지의 찬이 나오는 저렴한 한정식이 별미다. 한정식 1인분 1만8,000원.

* 숙박
장구목에 장구목가든을 비롯해 민박집이 몇 곳 있다. 일중리에서 4km 떨어진 곳에 있는 회문산자연휴양림(063-653-4779)에 머물 수 있다면 금상첨화다. 단, 주말에는 객실을 예약하기가 쉽지 않다. 장구목가든에서 순창 방면으로 1km 거리에 섬진강마실휴양숙박시설단지(063-653-9688)에는 캠핑장과 숙박동이 있다. 천담분교를 개조해 만든 캠핑장도 이용할 수 있다.

* 볼거리
순창 읍내에 있는 순창전통고추장민속마을(063-653-8833)은 순창의 얼굴인 고추장을 이용해 장과 장아찌를 담가 파는 집들이 몰려 있다. 전통 한옥으로 지은 60여 가구에서 장을 판다. 감, 더덕, 도라지, 마늘, 참외 등 제각각의 재료로 만든 장아찌는 빈손으로 돌아설 수 없게 한다. 순창읍에서 11km 떨어진 강천산은 계곡을 가로지르는 구름다리가 있는 명산이다. 특히, 가을철에는 단풍이 좋아 행락객이 몰린다. 강천산군립공원(063-650-1672)

부안,
변산 직소폭포

절창은 폭포가 되어 쏟아진다

　조선 시대 선비의 풍류에는 따르는 게 있다. 자연과 여자다. 특히, 글 좀 읊을 줄 아는 선비들에게는 가락에 추임새를 넣을 줄 아는 여인들이 곁에 있었다. 이들은 때로 신분의 차이를 넘어 정신적 사랑을 나누고, 문학의 동반자가 되기도 한다. 기생 황진이와 서경덕이 대표적인 예다. 그리고 또 매창 이계생과 유희경이 있다. 매창이 유희경을 그리며 남긴 이별가는 현대 문학의 잣대로도 결코 뒤지지 않는 절창이다.

　　이화우 흩날릴 제 울며 잡고 이별한 님
　　추풍낙엽에 저도 날 생각하는가
　　천 리에 외로운 꿈만 오락가락 하노라

직소폭포에서 장쾌한 물줄기가 푸른 숲을 찢으며 낙하하고 있다. 이 폭포를 보려면 한 시간쯤
다리품을 팔아야 하지만 폭포를 보는 순간 그럴 만한 가치가 있다는 사실을 알게 된다.

황진이, 허난설헌과 함께 조선 시대 대표적인 여류 시인으로 불리는 매창 이계생은 선조 6년(1573) 부안현의 아전이던 이탕종의 서녀로 태어났다. 매창은 아버지에게 한문을 배웠다고 하며, 우여곡절 끝에 시문과 거문고를 익혀 기생이 되었다. 매창은 기생 신분이었지만 아무에게나 몸을 허락하지 않았다. 손님이 술 취해 달려들면 시를 지어 무색하게 만들기도 했다. 〈증취객贈醉客(취한 손님에게 드림)〉이라는 시가 좋은 예다.

술에 취한 손님이 내 저고리를 잡아당겨
손님 손에 그만 저고리가 찢어졌네
저고리 하나 찢어진 것이 아까우랴만
그대와 맺은 정이 끊어질까 두렵네

매창이 유희경과 처음 만난 것은 1590년. 매창은 유희경을 만날 때부터 그가 시인으로 이름이 높다는 것을 알았다. 유희경도 매창이 예사로운 기생이 아니라는 것을 알고 있었기에 처음 만난 그날부터 시를 지어 주며 함께 풍류를 즐겼다. 40대 중반의 유희경과 18세 매창의 사랑은 그렇게 싹텄고, 이는 사랑의 연시로 결실을 맺는다. 그러나 유희경이 서울로 돌아가고 이어 임진왜란이 일어나면서 둘은 기약 없는 이별을 한다. 짧은 시간이었지만 마음을 모두 주었던 매창의 상처는 컸다. 유희경에 대한 그리움은 또 애절한 시로 승화됐다. 십어 년이 흘러 둘은 한 번 더 기쁜 재회를 한다. 그러나 그것이 마지막이었다.

매창은 유희경과 함께 《홍길동전》을 지은 풍운아 허균과도 교분을 나눴다. 허균과 매창도 시를 통한 정신적 교감을 나누었다. 불교에 심취했던 허균은 매창에게 참선을 알려주고 떠났다. 매창은 1609년 세상을 떴다. 부안읍 봉덕리에 그와 동고동락했던 거문고와 함께 묻혔다. 그 뒤 지금까지 사람들은 이곳을 매창이뜸이라고 부른다. 그가 죽은 뒤 45년 후(1655) 그의 무덤 앞에 비석이 세워졌다. 다시 13년 뒤 부안 고을 아전들이 매창이 지은 시 58편을 목판에 새겨《매창집》을 발간했다.

전북 부안의 시인 신석정(1907~1974)은 부안삼절로 매창과 유희경, 직소폭포를 꼽았다. 기생과 기품 있는 선비의 신분으로 만났지만 서로 가진 재주를 아끼며 사랑했던 두 사람에 직소폭포를 곁들인 것이다. 여기에 곁들인 직소폭포는 서해안에서 최고의 비경지로 꼽는 변산에서도 화룡정점에 해당된다. 고즈넉한 산길을 돌다 초록 바다를 찢으며 떨어지는 직소폭포의 장쾌한 물줄기와 마주하면 누구라도 부안삼절에 동의하고 만다.

직소폭포를 만나러 가는 길은 두 갈래다. 하나는 내소사에서 출발해 관음봉을 거치며 변산의 속살을 더듬어가는 산행코스다. 다른 하나는 내변산 깊숙이 들어가 내변산 탐방지원센터에서 트레킹을 겸해 다가가는 방법이다. 산길에 이골이 난 산꾼들은 직소폭포에서 낙조대를 넘어 채석강까지 간

| 1 |
| 2 |

1 부안삼절의 하나로 불렸던 직소폭포는 비가 온 다음 날이나 장마가 질 때 찾아야 제대로 된 폭포를 감상할 수 있다. **2** 직소폭포를 관찰하는 포인트는 여럿이다. 곳곳에 데크로 전망대를 만들어놨으니 느긋한 걸음으로 폭포를 즐기면 된다.

다지만 일반인은 만만치 않다.

　내소사를 들머리로 직소폭포로 가는 길도 두 갈래가 있다. 하나는 원암마을에서 재백이재를 넘어가는 길이다. 이 길은 힘들이지 않고 내변산의 속살로 접어들어 직소폭포를 만날 수 있다. 그러나 사람들은 직소폭포만 보려고 하는 게 아니다. 내소사까지 덤으로 즐기고 싶어 한다. 그런 이들을 위해 내소사에서 월명봉의 산허리를 넘어 직소폭포로 가는 길을 만들어 놨다. 단, 이 길은 원암마을을 들머리로 하는 길보다는 조금 험하다. 그래도 이 길을 따라 직소폭포로 가는 게 대세다.

　우선 원암마을에서 재백이재를 넘어 직소폭포로 가는 길을 따라가 보자. 원암마을에서 재백이재까지는 순한 오르막이다. 느긋하게 걷는다면 땀 한 방울 흘리지 않고 고갯마루에 설 수 있을 만큼 부드러운 길이다. 길 초입은 솔숲으로 나 있다. 금강송처럼 기품 있는 소나무들이 이룬 숲은 아니다. 그러나 등걸의 굵기나 뻗어나간 자태가 부족해도 어울리면 힘이 되고 그럴싸한 풍경이 되는 것이 소나무다. 솔숲을 지나면 졸참나무나 개벚나무가 어울린다. 재백이재까지 그런 길이 꾸준한 오르막으로 이어졌다. 딱히, 가쁜 숨을 토해야 하는 일은 없다. 걸으면서 쉬고, 호흡도 다듬을 수 있는 아늑한 오름길이다.

　재백이재를 넘어서도 길은 여유가 넘친다. 조금 가파르다 싶은 길이 100m쯤 이어지지만 그다음은 계곡을 따라 이어진 평탄한 숲길이다. 두런두런 이야기 나누며 걷기 좋다. 특히, 물 많은 여름철에는 시원한 계곡물 소리가 동행을 자처하고 나서 직소폭포로 안내한다. 재백이재에서 직소폭포까지는 20분 걸음이다. 직소폭포가 가까워지면 물소리가 웅장하게 들리며 갑자기 하늘이 툭 터진다. 또 길 왼편으로 부드럽게 흘러가던 계곡이 갑자기 모습을 감춘다. 그리고 도끼로 찍어낸 듯한 까마득한 벼랑 아래 짙푸른 소가 모습을 보인다. 웅장한 폭포 소리와 짙푸른 소를 보는 것만으로도 가슴이 뛴다. 그러나 직소폭포를 제대로 보려면 조금 더 가야 한다. 직소폭포를 끼고 300m쯤 더 내려가서 다시 계곡을 거슬러 올라와야 직소폭포와 마주한다.

직소폭포는 가까이 다가갈수록 실감이 난다. 직소폭포를 둘러싸고 계곡이 한껏 오그라들어 폭포물살 소리가 입체적으로 들린다. 높이 30m에 이르는 폭포는 하얀 명주천을 떨어트린 것처럼 바위를 가르며 쏟아진다. 이처럼 웅장하고 아름다운 폭포가 바닷가에 접한, 높이가 459m에 불과한 산의 품에 있다는 게 믿기지 않는다.

여기서 다시 부안삼절을 돌아보자. 녹음이 짙은 여름이었을 것이다. 첫눈에 타고난 풍류와 문학적 소질을 간파한 매창과 유희경은 직소폭포로 나들이를 나선다. 시종들은 직소폭포가 바라보이는 너른 바위에 주안상을 펼치고, 매창은 바위턱에 거문고를 안고 정좌한다. 그가 타는 거문고 소리는 짙은 녹음 위로 흐르고, 때로는 폭포물살과 어울린다. 매창이 타는 거문고 소리와 풍경에 취한 유희경은 시상을 가다듬어 붓을 휘갈긴다. 이쯤 되면 매창과 유희경, 직소폭포를 합쳐 부안삼절로 불러도 좋지 않을까.

원암마을에서 재백이재를 넘어가면 부드러운 계곡이 이어진다.
맑고 푸른 물이 흘러가다 별안간 직소폭포에서 쏟아져 내린다.

직소폭포에서 떨어진 물줄기는 실상용추라는 깊은 소를 만든다. 그리고 부안댐으로 흘러가며 제2, 제3의 폭포를 만든다. 이 폭포들이 떨어지는 곳에도 분옥담과 선녀탕 같은 소가 있다. 이 모든 것들, 직소폭포에서 시작해 선녀탕에 이르는 계곡을 봉래구곡이라 부른다. 그러나 그 풍경을 모두 돌아보려면 되돌아갈 길이 벅차다. 절경은 직소폭포 하나로 충분하다.

이제 내소사에서 직소폭포로 가는 길을 따라가 보자. 우선, 내소사로 드는 전나무숲길을 말하지 않을 수 없다. 이 길은 오대산 월정사 진입로와 함께 우리나라에서 사찰로 드는 길의 백미로 불린다. 평균 수령 120년을 헤아리는 아름드리 전나무들의 사열을 받으며 걷는 기분이 상쾌하다. 특히, 이른 아침 해 뜨기 전과 삼남에 큰 눈이 내린 날 이 길을 걸을 수 있다면 이보다 더한 행운은 없다. 언제부터 전나무를 심었는지는 알려지지 않았다. 다만, 400여 년 전 내소사를 중창할 때부터 전나무숲이 있었다고 한다.

전나무의 향기에 취해 걷다 보면 천왕문 지나 내소사다. 야트막한 돌계단으로 층계를 이룬, 방대하지도 너무 작지도 않은 안온한 절집 풍경이 그만이다. 그렇게 만나는 내소사의 기쁨은 대웅보전 꽃창살에서 절정에 이른다. 연꽃과 국화꽃으로 수놓은 꽃이 창살을 단장했는데, 문양 하나하나마다 간곡한 정성을 기울여 만든 테가 역력하다. 비바람에 씻겨 단청은 사라지고 나뭇결만 남아 더욱 정감이 간다.

내소사의 자연스런 멋은 설선당에서도 느껴진다. 설선당은 내소사를 크게 일으킨 청민선사가 수도승들을 가르치던 곳이다. 직사각형 구조에 곡

내소사로 드는 진입로는 전나무숲으로 나 있다.
소복소복 눈 내리는 겨울에 이 길을 걸으면 성불하고 만다.

식을 재워두는 창고와 부엌, 공부방이 있어 이채롭다. 설선당으로 드는 문턱의 굴곡진 모양새도 눈길을 끈다. 충남 서산 개심사 심검당의 문처럼 변화와 굴곡이 심하지는 않지만 나무의 자연스런 선을 그대로 살린 것이 멋스럽다. 봉래루는 또 어떤가. 높낮이가 일정치 않은 주춧돌에 맞추어 기둥의 길이를 조절한 것 역시 자연미와 흐름을 중시한 조상들의 슬기가 느껴진다.

내소사 천왕문에서 100m쯤 돌아 나오면 오른쪽으로 직소폭포 가는 길이 있다. 길은 월명봉 삼거리를 거쳐 재백이재로 이어진다. 입구에서 월명봉 삼거리까지는 700m에 이르는 꾸준한 오르막이다. 등판이 땀으로 젖을 만큼 가파르다. 첫 능선에 올라서서 월명봉 삼거리로 향하면 좌우로 시야가 트인다. 여전히 오르막길이지만 아름다운 변산 풍경이 위안이 된다. 오른쪽으로는 변산 품에 포근하게 안긴 내소사가 보인다. 산자락 너머로는 곰소 염전과 바다 건너 선운산도 훤히 보인다. 왼쪽으로는 변산의 뼈대가 되는 병풍 같은 바위들이 군데군데 서 있다. 하늘을 찌를 듯이 치솟은 월명봉의 기상도 힘이 된다.

월명봉 삼거리에 닿으면 오르막과는 이별이다. 재백이재로 내려서는 길에 작은 봉우리 하나를 넘어 가지만 위협적인 것은 아니다. 월명봉 삼거리에서 재백이재까지는 20분쯤 걸린다. 재백이재부터는 원암마을에서 오르는 길과 만난다.

1,2 크지만 정갈한 절 내소사를 찾은 기쁨의 절반이라 할 수 있는 대웅보전(위)과 꽃 창살 문. 화려하게 치장했던 꽃 창살은 세월 속에 빛이 바래 무채색으로 수수하다.

> info.

위치 전북 부안군 진서면 내소사로 243(내소사) **교통** 자가운전, 버스 **코스&소요시간** 원암마을~재백이재~직소폭포 왕복 2시간, 내소사~월명봉 삼거리~재백이재~직소폭포~원암마을 3시간 **난이도** 원암마을~재백이재~직소폭포 왕복 ★★☆☆☆, 내소사~월명봉 삼거리~재백이재~직소폭포~원암마을 ★★★☆☆ **추천 계절** 여름, 가을 **준비물** 도시락, 물, 간식 **문의** 변산반도 국립공원(063-582-7808)

✽ 길라잡이

직소폭포로 가는 길은 석포리 원암마을이 가장 빠르다. 왕복 2시간이면 넉넉하다. 길도 편해 초등학교 저학년도 충분하다. 내소사에서 월명봉 삼거리로 가는 길은 가파른 오르막이 있다. 또 월명봉 삼거리에서 재백이재로 가는 길은 조금 험한 구간도 있다. 내소사~직소폭포~원암마을로 돌아오는 코스는 3시간 정도 걸린다. 내변산 탐방센터에서 자연보호 헌장탑을 거쳐 직소폭포를 찾아가는 길도 있다. 시간은 원암마을을 들머리로 하는 것과 얼추 비슷하다. 단, 직소폭포는 봄과 가을에 가뭄이 들면 폭포를 볼 수 없을 수도 있다. 따라서 비가 잦은 여름에 찾아야 진면목을 볼 수 있다. 사전에 국립공원에 문의 하고 가는 게 좋다.

✽ 가는 길

내변산은 서해안고속도로 부안IC로 나와 변산 방면으로 가는 30번 국도와 736번 지방도를 이용한다. 내소사는 줄포IC로 나와 23번 국도와 30번 국도를 이용 곰소를 거쳐 간다. 내소사에서 돌아올 때는 외변산을 따라 변산반도를 한 바퀴 돌아본 뒤 부안IC에서 서해안고속도로를 이용한다.

✽ 맛집

내소사 가는 길목의 곰소는 충남 강경과 더불어 가장 주목받는 젓갈시장이다. 포구에 들면 두 집 건너 한 집이 젓갈집이다. 김장철이면 사람들이 젓갈을 사기 위해 전세버스를 타고 몰려온다. 곰소에서 나는 다양한 젓갈을 맛보려면 젓갈백반이 좋다. 갈치젓 · 밴댕이젓 · 전어속젓 · 청어알젓 등 7~8가지의 젓갈과 함께 된장찌개, 쌈이 나온다. 자매식당(063-584-1218) 젓갈정식(사진) 1인분 1만2,000원.

＊ 숙박

격포에는 대명리조트(www.daemyungresort.com)가 있다. 지중해풍으로 지어진 이 리조트에는 파도풀을 비롯한 다양한 물놀이 시설이 있는 워터파크가 있어 인기가 많다. 리조트가 채석강과 이웃해 있어 아침 저녁으로 산책하기도 좋다. 석포리 원암마을에는 내소힐링캠프캠핑장(010-6710-7034)이 있다.

＊ 볼거리

내소사 입구에 있는 곰소염전(사진)은 지금도 천일염을 만들고 있다. 곰소항의 운치 있는 포구와 더불어 찾아볼 수 있다. 내소사에서 격포항으로 가는 길은 해안 드라이브 코스로 정평이 났다. 왕포·작당·갑을치 등 이름만 들어도 정겨운 포구가 연이어진다. 격포 채석강은 해넘이 명소로 1999년 12월 31일 즈음 해의 마지막 햇빛을 이곳에서 채화했다. 파도에 씻겨 만들어진 채석강은 책 수만 권을 쌓아놓은 모양이다.

인제,
점봉산 곰배령

천상의 화원으로 가는 원시의 숲

✽ 설피밭~강선마을~곰배령

세상이 잔뜩 흐린 날 우중산보에 나선다. 목적지는 천상의 화원이라 불리는 강원도 인제 점봉산 곰배령이다. 그곳에는 여름 야생화가 피어났을까? 운해를 굽어보는 자리에 꽃들이 지천일까? 강선골의 원시림을 걸어 들어갈 때부터 마음이 급하다.

숲을 이야기할 때 빠지지 않는 곳이 있다. 점봉산(1424m)이다. 점봉산은 한계령을 사이에 두고 설악산과 마주하고 있는 산이다. 설악산이 화려한 산세로 이름을 날리는 반면, 점봉산은 수수하다. 만삭의 여인처럼 불룩하게 솟은 정상부가 그렇다. 그러나 이 산의 품은 한없이 깊고 깊다. 그 깊은 품에서 나무가 자라 숲이 되고, 다시 다른 나무에게 자리를 내주는 천이가 이뤄진다. 이 때문에 점봉산은 '활엽수가 이룬 극상의 원시림'이라는 찬사를 받는다. 이 숲에 들면 한낮에도 어둑어둑해 오싹 소름이 돋는다. 나무들은 몇 아름이 넘

설피밭에서 강선골로 가는 길은 이 땅에 남겨진 가장 아름다운 마을길이다.
소리만 들어도 시린 계곡을 따라 걷기 좋은 길이 숲으로 나 있다.

설피밭에서 강선골로 가는 길은 길이 아니라 숲이다. 수목원보다 훨씬 깊고 웅장한 숲이 펼쳐져 자꾸 걸음을 멈추게 한다.

는 것이 대부분이고, 수령 500년을 헤아리는 '자연산' 전나무의 우아한 모습도 볼 수 있다. 또 껍질이 종잇장처럼 벗겨지는 자작나무 자생지가 있다.

자작나무는 껍질이 하얗다. 백화(白華)라 불리는 것도 이 때문이다. 자작나무는 시베리아 등 북반구가 원산지로 38선 이남에서는 쉽게 찾아볼 수 없다. 이 나무는 사연도 많다. 혼례를 치룰 때 화촉을 밝히는 순서가 있다. 여기서 '화'는 자작나무를 말한다. 초가 없던 시절에는 자작나무 껍질에 불을 붙여 촛불 대용으로 사용한 데서 유래한 것이다. 경주 천마총에서는 자작나무 껍질에 글을 적은 유물이 출토되기도 했다. 종이가 발명되기 전에는 중국과 일본에서도 자작나무에 불경을 적었다. 러시아에서는 자작나무가 국목(國木)이다. 러시아인들은 '자작나무 아래서 태어나 자작나무 숲에서 놀다 자작나무 아래로 돌아간다'고 말한다. 또 '자작나무 껍질에 편지를 쓰면 사랑이 이뤄진다'는 속담도 있다. 얇게 벗겨지는 자작나무 껍질에 사모의 마음을 담아 띄운 연서. 그 자작나무 편지를 받고 감동하지 않을 이가 있을까? 그러나 우리나라에서 진짜 자작나무를 만난다는 것은 그리 쉬운 일이 아니다. 점봉산과 태백 함백산에 가야 눈처럼 하얀 수피를 가진 자작나무 몇 그루를 볼 수 있는 게 고작이다. 점봉산 자작나무가 반가운 이유다.

산골집은 대들보도 기둥도 문살도 자작나무다

밤이면 캥캥 여우가 우는 산(山)도 자작나무다

그 맛있는 모밀국수를 삶는 장작도 자작나무다
그리고 감로(甘露)같이 단샘이 솟는 박우물도 자작나무다
산(山) 너머는 평안도(平安道) 땅도 뵈인다는 이 산(山)골은 온통 자작나무다

- 백석 시인의 〈백화〉 전문 -

　　활엽수가 이룬 짙은 원시림 끝에 점봉산을 넘는 부드러운 고개가 있다. 곰배령이다. 진동리 설피밭에서 강선마을을 거쳐 귀둔리를 넘어가는 고개이자 점봉산 정상으로 가는 고갯마루다. 이 고개는 봄부터 여름까지 들꽃이 어울려 한바탕 축제를 벌인다. 극상의 원시림을 거닐어 만나는 꽃대궐, 여름날의 행복한 추억으로 부족함이 없다.

　　곰배령으로 가는 길은 기린면 진동리 설피밭. 예전만 해도 설피밭은 이 땅 최고의 오지 가운데 하나였다. 양양 양수발전댐 상부댐이 조성되기 전에는 이곳에 마을이 있는지조차 몰랐다. 현리부터 비포장길로 40리를 가야 닿을 수 있었던 마을이다. '설피밭'이란 이름에서 알 수 있듯이 이곳은 겨울에 눈 많이 오기로 소문났다. 특히, 영동 산간에 큰 눈이 내리는 2월 말에는 처마 밑까지 눈이 쌓일 정도였다고 한다. 그러나 이제 더 이상 설피밭에 오지란 수식어는 어울리지 않는다. 조침령을 넘어가는 길이 포장되면서 찾아오기가 쉬워졌다. 대신 '생태의 보고'라는 새로운 타이틀을 달았다. 산림청

1　1 강선골을 지나 곰배령을 향해 가는 길은 우거진 활엽수림 속으로 부드럽게 이어진다. 2 강선골은 대부분 민박을 친다. 이곳까지는 오직 걸어서만 갈 수 있다.

은 점봉산이 활엽수가 만든 극상의 원시림으로 인정하고 산림유전자원보호림으로 지정했다. 이 때문에 함부로 점봉산에 드나들 수가 없다. 인터넷으로 예약을 해야만 강선골과 곰배령을 찾아갈 수 있다. 일반인에게는 다소 불편한 일이지만 이 숲을 지킬 수 있다면, 그래서 후대에도 점봉산의 숲을 볼 수 있다면 그 정도 수고는 감수해야 한다.

곰배령으로 가는 산길은 설피밭 삼거리에서 시작된다. 왼쪽은 강선골, 오른쪽은 백두대간 단목령으로 간다. 왼쪽 강선골로 방향을 잡는다. 보호림 관리소를 지나면 곧장 활엽수의 깊은 터널 속으로 든다. 삼거리에서 강선골까지는 30분 거리. 우리나라에서 가장 아름다운 숲길을 꼽으라면 당연히 첫손에 꼽힐 만큼 아름다운 길이다. 이 길은 차는 오갈 수 없다. 사람들만 다니는 널따란 길이 활엽수림 속으로 나 있다. 길은 초입부터 마을과 만날 때까지 계곡과 나란히 이어진다. 계곡은 제 아무리 깊은 가뭄이 들어도 마르는 법이 없다. 한여름 뙤약볕에서도 계곡 물소리를 들으며 걸으면 서늘한 기운에 사로잡힌다. 강선마을까지는 오르막이 거의 느껴지지 않을 만큼 완만하다.

강선마을은 예전에는 제법 규모가 큰 화전민 마을이었다. 한때는 강선리라는 별도의 행정조직을 갖추기도 했다. 그러나 화전을 일구고, 산나물이나 약초로 연명하는 삶에 지친 이들이 하나둘씩 떠나면서 마을은 작아졌고, 지금은 몇 가구 남지 않았다. 그러나 상전벽해다. 강선마을이 산림유전자원보호림에 포함되면서 이제는 함부로 집을 지을 수도, 들어가 살 수도 없는 곳이 됐다. 오직 끝까지 그 마을을 지키며 살던 이들만 이 숲을 온전히 소유하는 즐거움을 누리고 있다.

강선마을을 지나면 길은 오솔길로 변한다. 강선마을에서 징검다리를 건너가면 이제 곰배령을 향해 가는 길이다. 숲은 점점 더 깊어진다. 계곡은 계속 동행을 자처하고 나선다. 가끔은 폭포가 되어 숲을 물소리로 채운다. 완만한 오르막이 계곡을 따라 나 있다. 호흡이 가빠질 이유가 없을 만큼 부드러운 오르막이다. 활엽수 그늘 아래는 양치식물이 군락을 이루고 있다. 고사리류의 식물들은 마음껏 잎을 펼치며 산비탈을 점령했다. 활엽수의 짙은 숲 그늘, 그리고 바닥을 차지한 양치식물로 인해 세상은 온통 초록 바다다. 녹음이 우거진 여름에 이 길을 걸으면 푸른 비에 젖는 착각이 들 정도로 숲이 깊다. 안개라도 자욱한 이른 아침나절에는 한결 더 신비롭다. 저 홀로 깊어지며 원시의 자연으로 돌아가고 있는 점봉산의 깊이가 느껴진다.

강선마을에서 30분. 한껏 수량이 줄어든 계곡을 건너는 곳에 '강선마을 입구 3.7km, 곰배령 1.3km'라 적힌 이정표가 있다. 이제 1.3km만 다리품을 팔면 곰배령 정상이라는 생각에 힘이 난다. 길은 조금씩 경사를 더한다. 그렇다고 가쁜 숨을 토할 만큼 가파르지는 않다. 그저, 오르막이라는 것을 느낄 정도다. 여전히 길 곁의 숲은 깊고, 먼 곳에서 들려오는 계곡물 소리는 싱그럽다.

이정표에서 30분만 다리품을 팔면 하늘이 열린다. 곰배령에 다 온 것이다. 그 깊고 짙은 활엽수림이 사라지고 곰배령 정상은 드넓은 초지다. 뒤

강선골에서 곰배령으로 가다 보면 작은 폭포가 있다. 바위에 붙은 짙은 이끼와 숲을 뒤덮은 양치식물이 점봉산의 깊은 속을 말해준다.

를 돌아보면 백두대간 너머로 웅장하게 치솟은 설악산 대청봉과 중청봉이 보인다. 곰배령을 향해 오르면 초원은 점점 넓어져 축구장만큼 커진다. 그 초원에 기대했던 것처럼 여름 들꽃이 만발했다. 미나리아재비, 쥐오줌풀, 눈개승마, 산수국, 매발톱, 전호 등 형형색색의 꽃들이 '꽃바다'를 이뤘다. 마치 식물도감을 펼쳐놓은 것처럼 화려한 꽃물결이 먼 길을 걸어온 탐방객을 반긴다. 곰배령의 들꽃은 여름이 깊어갈수록 더욱더 만개할 것이다.

곰배령에서 시원한 산바람을 즐기며 휴식을 하고 나면 이제 하산할 시간. 하산은 왔던 길을 되짚어 내려간다. 곰배령~강선마을을 제외한 다른 길은 모두 출입금지다. 강선마을로 내려가는 길도 편안하다. 가파른 오르막이 없었기에 내려가는 길도 부드럽다. 곰배령만 벗어나면 다시 원시림의 짙은 숲 그늘이라 걷는 게 휴식처럼 느껴진다.

곰배령에 들꽃이 만발했다. 늦은 봄부터 시작하는 들꽃 잔치는 여름이 깊어질수록 정점으로 치닫는다.

> info.

주소 강원도 인제군 상남면 진동리 622-22(기린초등학교 진동분교) **코스&소요시간** 설피밭~강선마을~곰배령 왕복 4시간 **추천 계절** 봄~가을 **준비물** 물, 등산화, 간식, 여벌옷, 배낭 **문의** 점봉산산림생태관리센터(033-463-8166)

✽ 길라잡이

곰배령 트레킹은 어렵지 않다. 곰배령 정상부를 제외하면 오르막이라 부를 수 없을 만큼 완만하다. 곰배령 정상이 부담스럽다면 강선마을까지만 갔다 와도 제대로 숲을 볼 수 있다. 강선마을에서 간단한 요기를 할 수 있다. 그래도 간식과 물 등을 가져간다. 갑작스런 일기 변화에 대비해 여름에도 가벼운 점퍼를 가져가는 게 좋다. 곰배령 트레킹은 하절기(4월 21일~10월 31일)와 동절기(12월16일~2월 말)에 예약제로 운행된다. 예약은 한 달 전에 신청할 수 있다. 1일 탐방 인원은 900명(탐방센터 예약 450명, 마을 대행 예약 450명)이다. 탐방센터에서 예약을 하지 못했다면 설피밭이나 강선골의 숙소 이용 시 예약을 부탁해도 된다.

✽ 가는 길

서울~양양고속도로 개통으로 가는 길이 편해졌다. 서양양IC로 나와 구룡령로 인제 방면으로 750m 가서 좌회전 하면 조침령터널로 간다. 터널을 나와 현리에서 오는 길과 만나는 곳에서 우회전하면 점봉산산림생태관리센터가 멀지 않다.

✽ 맛집

점봉산산림생태관리센터 입구에 간단한 먹을거리를 파는 주점이 있다. 강선골 민박집에서도 산채정식이나 토종닭 백숙, 동동주 등을 판매한다. 진동리에서 현리로 나오는 길을 따라가면 아침가리골 초입에 진동산채가(033-463-8484·사진)가 있다. 이 집은 산채비빔밥(8,000원)과 산채정식(1만5,000원)을 잘한다.

※ 숙박
진동리 설피밭에는 세쌍둥이풀꽃세상(010-9159-2531), 설피밭지수네(010-8637-1051)를 비롯해 펜션 20여 곳이 있다. 진동리에 있는 펜션에 숙박하면 곰배령 생태탐방도 할 수 있다.

※ 볼거리
현리에서 진동리 설피밭으로 가는 길에는 방태산자연휴양림이 있다. 휴양림 안에 있는 '이폭포저폭포(사진)'는 이단으로 떨어지는 폭포물살이 백미다. 한여름에도 더위를 모르고 지낼 수 있다. 숲이 좋아 오뉴월의 신록이나 가을의 단풍이 아름답다. 방태산자연휴양림 지척에는 방동약수가 있다. 300년 전 한 심마니가 아이 장딴지만 한 산삼을 캔 곳에서 약수가 솟았다고 한다. 철분 성분이 많아 약수터 주변이 온통 붉다. 약수는 철분 탓에 약간 비릿하지만 속이 후련하다.

인제,
아침가리골

길도 마을도 없는
저 깊은 오지

✻ 진동산채가~뚝발소~조경교

    햇살이 유리알처럼 맑은 계곡물에 부서진다. 숲 그늘에는 야생화가 수줍게 반긴다. 강렬한 태양에 등 떠밀려 계곡물에 발을 담그면 상쾌한 기운이 온몸에 퍼진다. 아침가리골은 끝도 모른다. 이 계곡의 끝이 어디에 닿는지 가늠조차 어렵다. 그래도 마음은 태평스럽다.

    아침가리골과 처음 인연을 맺은 때는 1990년대 중반이다. 물맛 좋다는 인제 방태산 방동약수를 찾았다가 산으로 이어진 길이 궁금해 차를 몰았다. 산길은 SUV도 설설 길 만큼 험했다. 마음 같아서는 돌아서고 싶었다. 그러나 이 길의 끝에 무엇이 있을까 싶은 호기심이 산을 넘어 계곡을 따라가게 했다. 그렇게 20분쯤 갔을까. 홀연히 아담한 학교가 나왔다. 방동초등학교 조경분교였다. 오래전에 폐교된 곳에 화가 혼자 살고 있었다. 그때 판자로 지은 그 분교의 아담한 분위기에 완전히 매료됐다. 적막강산의 깊은 오지에 오롯이 있는 폐교라니. 게다가 계곡물은 어찌나 맑던지, 그 물을 손으로 움키어 마시기도 했다. 그날 '이 계곡은 나 혼자만 아는 비밀'로 남겨두기로 마음먹었다. 그로부터 15년 후, 세상에 비밀은 없었다. 오지의 대명사였던 이곳이 KBS 예능 프로그램 〈1박2일〉에 소개된 것이다.

강원도 인제군과 홍천군 경계에 자리한 방태산에는 삼둔오갈이라 불리는 곳이 있다. 이곳은 옛날부터 난리를 피해 숨어들던 오지를 일컫는다. 삼둔은 월둔 달둔 살둔 등 숨어 살기 좋은 마을을 가리킨다. 오갈(오가리)은 아침가리 적가리 연가리 명지가리 곁가리 등 방태산 일대의 깊은 계곡을 가리킨다. 아침가리골은 오가리 가운데서도 가장 길고 깊다. 이 골짜기는 아침나절에만 밭을 갈 수 있다 해서 아침가리라는 이름을 얻었다. 워낙 산 높고 계곡 깊은 곳에 자리해, 점심 숟가락 놓기 무섭게 해가 저문다. 아침가리골로 드는 계곡도 험하기 그지없다. 까마득한 협곡에 싸인 계곡이 열세 번을 굽이진 후에야 아침가리골에 닿는다. 계곡이 너무 험해 방동약수에서 산을 넘어가는 길을 닦아야 했다. 그렇게 들고나는 길이 험하지만 일단 계곡 안으로 들면 의외로 넓다. 마치 계곡 입구만 꽁꽁 동여매 놓은 모양이다. 이곳에 한때 50여 가구가 살았다고 한다. 화전민의 후예들이 이곳에서 밭을 일구고, 약초를 캐며 살았다. 그러다 고단한 산골 생활에 지쳐 사람들이 모두 떠나고 결국 아무도 살지 않게 되었다. 그 후 몇몇 사람들이 어찌어찌 이 깊은 곳까지 찾아들어 눌러앉기도 했다. 지금은 이들마저도 없고, 40여 년 전 불치병에 걸린 아내를 데리고 들어왔던 사내 하나 홀로 남아 아침

: 인제, 아침가리골

| 1 | 2 |

1 아침가리골은 오염원이 전혀 없다. 길도 없다. 맑고 푸른 물만이 협곡 같은 골짜기를 따라 흘러간다. **2** 아침가리골을 따라 걷다 보면 이름도 없는 골짜기에서 물을 보태는 작은 계곡을 자주 만난다. 저 물은 손으로 움키어 그냥 마셔도 된다.

가리골을 지키고 있다.

아침가리골 트레킹 시작점은 점봉산 곰배령 가는 길에 있는, 산나물 요리 잘하기로 소문난 진동산채가다. 이곳에서 아침가리골을 빠져나온 물과 점봉산에서 발원하는 진동계곡이 합류한다. 아침가리골로 드는 계곡은 처음부터 망설이게 한다. 징검다리가 없어 신발을 벗고 건너야 한다. 대부분 등산화를 벗어 손에 들고 위태로운 걸음으로 계곡을 건넌다. 그러나 신발을 신고 건너는 게 정석이다. 그 이유는 계곡 트레킹을 하면서 차츰 알게 된다.

아침가리골의 첫인상은 온순하다. 길은 낙엽송 조림지 사이로 부드럽게 나 있다. 그 길의 끝에 계곡을 막아 만든 보가 있다. 이 보를 건너면서 본격적인 트레킹이 시작된다. 진짜 아침가리골과 만나는 것이다. 길은 계곡이 깊어질수록 조금씩 희미해진다. 그러나 계곡에서 정확히 10m를 벗어나는 법이 없다. 사실, 아침가리골에는 정해진 길이 없다. 발길 가는 데로 가면 된다. 계곡을 따라 첨벙첨벙 걸어도 되고, 숲 그늘에 숨어서 걸어도 된다. 가끔 나타나는 험한 바위와 소는 돌아가면 그만이다. 길이 끊긴다 싶으면 계곡 건너에서 길을 찾으면 된다. 중간에 깊은 소가 있는 곳도 있지만 대부분이 맘 놓고 건너다닐 수 있는 곳들이다.

아침가리골은 단 한 번도 속 시원하게 트인 곳이 없다. 계곡이 휘어지면 하늘이 열릴 것이라는 기대를 품지만 착각으로 끝나고 만다. 계곡 끝에 또 장벽처럼 까마득한 협곡이 서 있다. 길은 쉼 없이 계곡을 건너다닌다. 계곡을 건너면서 길을 잃을 때가 많다. 표지기도 많지 않은 데다, 그 표지기 또

한 정확한 것이 아니다. 이 때문에 트레커들은 현재의 위치를 잃어버리기 일쑤다. 그러나 두려워할 필요는 없다. 그저 물이 흘러내려오는 곳만 따라가면 된다. 계곡이 험한 편이지만 위협적이지 않고, 길이 없는 것처럼 보여도 분명히 길이 있는 것, 그게 아침가리골의 매력이다.

계곡 초입에서 1시간쯤 가면 깊은 소와 마주한다. 뚝발소다. 아침가리골에서 가장 깊은 소다. 계곡 안에 지명이 존재하는 곳은 이곳밖에 없다. 이곳도 특별한 이정표가 없다. 다만 계곡에서 보았던 곳 중에서 소가 가장 깊다면 미루어 짐작할 따름이다. 물속에서는 쉬리와 갈겨니가 한가하게 유영을 즐긴다. 꺽지란 놈은 눈을 마주치기 무섭게 몸을 숨긴다.

뚝발소를 지나서도 계곡의 표정은 크게 달라지지 않는다. 여전히 길은 계곡을 따라 이어진다. 길이 끊겼다는 것은 계곡을 건너간다는 의미. 그러나 징검다리가 제대로 놓인 곳은 없다. 알아서 계곡을 건너야 한다. 이 때문에 등산화가 젖는 것이 싫어 몸을 사리던 트레커들도 결국은 등산화를 신은 채 물에 첨벙 뛰어들어 계곡을 건너게 된다. 등산화가 물에 흠뻑 젖는 것이 거슬리지만 물을 건널 때의 시원한 기분은 놓치기 아깝다.

뚝발소에서 1시간쯤 오르면 하늘이 조금씩 열린다. 협곡이 끝나가는 증거다. 그러나 길은 여전히 야생의 느낌이 강하다. 허리를 잔뜩 구부린 채 버들가지와 넝쿨을 헤치며 걷기도 한다. 그러다가 불쑥 시멘트포장 다리가 나타난다. 조경교다. 방동약수에서 산을 넘어온 길과 만나는 것이다. 이곳이 아침가리골 트레킹의 분기점이다. 조경교에서 간단하게 막걸리나 라면을 먹

1
2

1 아침가리골은 오지 트레킹의 대명사가 됐다. 사람의 흔적조차 찾아보기 어렵던 곳이 주말이면 트레커들로 붐빈다. 2 아침가리골 트레킹은 길이 없다. 그저 물길을 따라 걷다 보면 계곡 끝에 닿는다.

을 수 있는 간이매점이 있다. 37년 전 아픈 아내와 함께 들어와 여태 살고 있는 사재봉 씨의 집이다. 이곳은 전기가 들어오지 않는다. 흐르는 물을 이용해 냉장을 한다. 통나무에 넘치게 물을 가둬놓고 음료를 차갑게 식힌다.

조경교에 관리초소가 있다. 이곳부터 조경분교를 거쳐 명지가리로 가는 길은 인제 백두대간 트레일 구간이다. 사전에 트레킹을 신청한 사람만이 들어갈 수 있다. 아쉽지만 여기서 발길을 돌려야 한다. 그러나 조경분교를 보지 않고 돌아서는 발길이 아쉽다. 조경교에서 조경분교까지는 1.5km 거리다. 이곳에서 조경분교까지는 화전을 일구던 밭과 최근까지도 몇몇 사람이 살던 빈집이 보이는 부드러운 흙길이다. 조경분교는 45년 전에 폐교됐지만 건물은 온전하게 남아 있다. 얼마 전까지만 해도 조경분교는 아침가리골을 찾는 이들의 쉼터였다. 〈1박2일〉도 여기서 촬영했다. 부잣집 정원만 한 운동장과 등걸이 굵은 전나무, 벌통 몇 개가 전부인 풍경이 쓸쓸하다. 한때 이곳도 아이들의 웃음소리로 넘쳐났을 것이다. 이 학교를 졸업한 사람들은 지금 어디서 무엇을 하며 살고 있을까. 조경분교는 그런 먼먼 이야기를 떠올려 볼 수 있는 곳이다.

조경교에서 다리쉼을 하고 나면 이제 돌아갈 일이 남았다. 더할 것도 뺄 것도 없이 똑같은 거리의 길이 남아 있다. 그러나 내려가는 길은 분명히 다르다. 이제부터는 거침없이 계곡물을 따라갈 것이다. 어느 곳에서는 웃통을 훌쩍 벗고 물놀이도 즐길 것이다. 계곡 트레킹의 진정한 묘미를 즐길 시간이 된 것이다.

info.

주소 강원도 인제군 상남면 진동 1리 657-13(진동산채가) **코스&소요시간** 진동산채가~뚝발소~조경교 왕복 6시간 **준비물** 물, 등산화, 스틱, 배낭, 간식, 긴 바지, 긴 소매 옷 **난이도** ★★★★☆ **추천 계절** 늦봄~초가을 **문의** 인제군청 문화관광과(033-460-2080)

※ **길라잡이**

아침가리골 트레킹은 수량이 좌우한다. 물이 많을 때는 트레킹을 나서지 않는 게 좋다. 특히, 비가 올 때는 트레킹 금물이다. 아침가리골은 숲이 우거진 곳이 많다. 모자와 긴 소매, 긴 바지가 필수다. 또 계곡을 수없이 건너 다녀야 한다. 등산화와 옷이 젖을 각오를 해야 한다. 조경동으로 가는 길은 아침가리골 계곡 트레킹 말고, 방동고개 안내센터에서 임도를 따라가는 방법도 있다. 방동약수에서 차량 하나 간신히 오가는 가파른 포장도로를 따라가면 고갯마루에 방동고개 안내센터가 있다. 이곳에서 조경교까지는 3km 거리로 부드러운 내리막길이다. 차량을 진동산채가에 두고 택

시를 이용해 방동고개 안내센터까지 간 뒤 아침가리골을 내려오면서 트레킹을 하는 것도 방법이다. 조경동에서 명지가리를 거쳐 홍천군 내면 월둔까지는 인제 백두대간 트레일로 약 21km 거리다. 이곳은 트레킹 허가를 받아야 갈 수 있다. 백두대간 트레일 안내센터(033-461-4453)

※ 가는 길
서울양양 고속도로 인제IC로 나와 33번 국도 인제 방면으로 가다 현리에서 우회전, 418번 지방도를 따라가면 방태산자연휴양림 입구다. 여기서 진동리 방면으로 4km 더 가면 진동산채가가 나온다. 이곳에 탐방객을 위한 주차장이 있다. 서양양IC로 나와 조침령 터널을 통해 찾아가는 길도 있다.

※ 맛집
아침가리골 초입에 있는 진동산채가(033-463-8484)는 산채비빔밥(사진)과 산채정식을 잘한다. 산채정식은 점봉산을 비롯해 인근에서 나는 산나물과 더덕구이, 황태구이, 계란찜 등 20여 가지 반찬이 나온다. 산채비빔밥 8,000원, 산채정식 1만5,000원. 피아시매운탕(033-462-3334)은 민물고기를 이용한 매운탕으로 소문난 맛집이다.

※ 숙박
방태산자연휴양림(033-463-8590)에 머물 수 있다면 금상첨화다. 방태산자연휴양림에는 산장은 물론 야영을 할 수 있는 캠핑장이 잘 갖춰져 있다. 방태산자연휴양림 입구에도 숲속의하얀집(010-5264-4217)을 비롯해 펜션과 민박집이 많다. 아침가리골 입구에 있는 진동산채가도 민박을 한다.

※ 볼거리
방태산자연휴양림은 깊은 계곡으로 유명하다. 휴양림 안에 있는 '이폭포 저폭포'는 이단으로 떨어지는 폭포물살이 백미다. 숲이 좋아 오뉴월의 신록이나 가을의 단풍이 아름답다. 방태산자연휴양림 지척에는 방동약수(사진)가 있다. 철분 성분이 많아 약수터 주변이 온통 붉다. 아침가리골에서 조금 더 들어가면 진동리 설피밭 마을이다. 이곳에서 곰배령 트레킹을 할 수 있다. 또, 내린천은 여름철 래프팅으로 유명한 곳. 홍천까지 살둔산장을 거쳐 가는 드라이브도 좋다.

정선,
운탄고도 화절령

총각들 꽃 꺾기 내기하던 고개

✽ 하이원리조트~화절령~도롱이못

    백두대간 함백산에서 가지쳐 나와 만항재를 넘어 서쪽으로 뻗은 산줄기가 있다. 이 능선은 철쭉으로 유명한 두위봉까지 이어진다. 이 능선을 따라 옛길이 있다. 석탄을 실어나르던 운탄고도다. 이 길을 따라 난 몇 개의 고개가 있는데, 그중 하나가 꽃꺾이재(화절령)다. 영월 중동면에는 이 아름다운 고개의 이름에 얽힌 사연이 전해진다.

    백운산 자락에 있는 이 고개는 옛날부터 영월에서 정선으로 질러가는 길이다. 이 고갯마루에는 봄이면 진달래꽃과 철쭉이 만발해 행인의 눈길을 끌었다. 고개를 오른 이들 가운데는 땔감을 마련하러 나선 마을의 총각들도 있었다. 총각들은 꽃불처럼 산을 수놓는 꽃에 반해 꽃 꺾기 놀이를 즐겼다. 누가 더 많은 종류의 꽃을 꺾는가를 겨루었는데, 이 놀이에서 진 사람은 이긴 사람에게 나무 한 단씩을 주었다.

화절령에서 바라본 영월 직동마을에 해가 저문다. 그 옛날 총각들이 꽃 꺾기 내기를 했다는 전설도, 탄광으로 흥청거리던 기억도 다 옛일이 되어버렸다.

동화처럼 아름다운 이야기다. 이 깊은 산골에 살았던 이들의 순박한 일상이 무성영화처럼 펼쳐진다. 꽃을 주는 일, 그보다 아름다운 일이 또 있을까. 그 기쁨은 청춘 다 보낸 늙은 몸도 예외는 아니었다.《삼국유사》에 등장하는 노인도 눈부시게 아름다운 수로부인에게 수줍게 꽃을 바치며 사모의 정을 토하기도 했으니까.

자줏빛 바위 곁에
잡고 있는 암소 놓게 하시고
나를 아니 부끄러워하시면
꽃을 꺾어 바치오리다

- 삼국유사에 실린 〈헌화가〉 전문 -

그러나 화절령의 아름다운 이야기는 거기까지다. 이 고개는 격동의 세월을 지나오면서 고통에 찬 사람살이를 지켜봐야 했다. 빨치산이 우익청년단원 10명을 사살하고 이 고개를 넘어 도주했다는 이야기는 너무 먼 이야기다. 그보다는 근대화를 이끈 한 축이었던 석탄 산업이 휩쓸고 간 상처가 짙게 배어 있다.

정선 영월 태백은 근대화의 상징이었던 석탄 산업의 중심지였다. 석탄 산업 활황기였던 1970~80년대에는 탄광을 따라 자고 나면 마을이 생겼다. 사람들이 모여 들면 학교가 만들어졌고, 광부들의 퇴근길이 이어지는 곳에는 술집도 문전성시를 이뤘다. 돈도 몰렸다. 지나가는 개도 만 원짜리 지폐를 물고 다녔다는 말도 이때 나왔다. 그러나 그렇게 흥청거렸던 일도 잠시다. 석탄 경기가 시들해지면서 탄광촌은 빠르게 허물어져 갔다. 탄광이 문을 닫고, 사람들이 떠나자 탄광촌은 폐허가 되다시피 했다.

화절령도 석탄 산업의 몰락과 영화를 함께 했다. 한때는 초등학교가 있을 만큼 북적거렸지만 지금은 남은 게 없다. 폐광의 흔적도 사라지고, 집터조차 찾기 어렵다. 고작해야 30~40년 전의 역사지만 감쪽같이 지워진 것이다. 오직 석탄을 실은 트럭들이 뻔질나게 오가던 운탄로만 산자락을 타고 이어져 있을 뿐이다. 화절령이 새롭게 등장한 것은 십여 년 전. 하이원리조트가 백운산 일대의 운탄고도를 산책로로 조성하면서다. 이때 화절령 고갯마루에서 도롱이못과 아롱이못이 발견됐다. 이 연못에 1급수에서만 사는 도롱뇽이 서식한다는 사실이 알려지자 사람들의 관심이 모아졌다. 그도 그럴 것이 광산에서 나온 석탄가루가 흩날리던 곳에 연못이 있고, 1급수에만 산다는 도롱뇽이 있다는 것은 의미심장했다. 인간이 만든 흉허물을 자연 스스로가 치유하며 본래의 모습으로 돌아가는 현장으로 비춰졌기 때문이다.

화절령으로 오르는 길은 하이원리조트 폭포주차장에서 시작된다. 주차장 맞은편에 산자락을 타고 오르는 시멘트 포장도로가 있다. 이곳에서 화

한때 번화한 탄광촌이 있던 화절령에는 그 흔적을 찾을 게 하나도 없다. 오직 고개 한편에 자리한 도롱 이못만 그 시절의 증인으로 남아 있다.

: 정선, 운탄고도 화절령

절령까지는 3.9km. 주차장에 차를 세우고 걸어도 좋고, 포장도로가 끝나는 화절령 삼거리까지 차를 타고 가도 좋다. 하이원리조트 마운틴 콘도에서 고원숲길을 따라 걸어도 된다. 화절령 삼거리 주변은 한때 탄광촌이 번성했던 곳이다. 그러나 지금은 터만 남았을 뿐 집 한 채 없다. 10여 년 전 만해도 폐광이 되면서 나온 갱목과 검은 흙처럼 변한 폐탄이 쌓여 있었다. 지금은 그 풍경도 변해서 다시 본래의 자연으로 돌아가는 중이다. 비포장길을 따라 잠깐 오르면 운락초등학교 터다. 학교는 1967년에 개교했다가 1991년 문을 닫았다. 학교가 문을 열었던 세월은 화절령의 석탄 경기와 거의 일치한다. 그러나 지금은 학교의 흔적도 없다. 작은 돌탑이 전부다. 세월은 이 학교를 다녔던 그 시절 아이들의 추억까지 송두리째 데리고 가버렸다.

운락초등학교 터에서 20분을 오르면 화절령 고갯마루다. 널따란 터에 너와로 지붕을 인 정자가 있는 이곳은 운탄고도의 요처다. 이곳에서 곧장 고개를 넘어가면 영월군 중동으로 내려선다. 서쪽으로 가면 두위봉 산허리를 감싸고 가 영월군 예미로 간다. 동쪽은 백운산을 거쳐 함백산 만항재로 이어진다.

도롱이못과 아롱이못은 화절령을 끼고 좌우에 있다. 고개에서 연못까지는 몇 걸음이면 충분하다. 도롱이못은 북쪽 사면에 있다. 낙엽송 지대를 따라 들어가면 은밀한 곳에 연못이 자리한다. 낙엽송이 빙 둘러친 곳에 폭 50m의 연못이 있다. 10여 년 전만 해도 연못에 쓰러진 나무들이 널브러져 괴기한 풍경이었다. 연못 주변의 나무들은 모두 푸른 이끼가 뒤덮였다. 수면

화절령에서 하이원리조트로 이어진 아늑한 숲길. 화절령은 이제 아늑한 숲길과 숲으로만 남았다.

: 정선, 운탄고도 화절령

에도 밑동이 썩어 고꾸라진 나무들이 있었고, 그것들도 예외 없이 이끼에 점령당했다. 수면은 바람이 머무르지 않아 거울처럼 잔잔했다. 이 땅에 이런 연못이 있을까 싶을 만큼 강렬한 원시의 풍경이었다. 그러나 지금은 연못을 말끔히 청소해 우울한 풍경을 싹 지웠다. 한국 근대사의 아픈 시절이 감쪽같이 사라진 것처럼 말이다.

도롱이못은 1970년대 석탄을 캐던 갱도가 지반 침하로 주저앉으면서 만들어진 연못이다. 그러나 단순한 연못이 아니다. 이 연못은 남편을 막갱도로 보내야 하는 광부 아내들의 비원이 담겨 있다. 화절령 일대에서 석탄 채굴이 한창이던 시절부터 이 연못에는 도롱뇽이 살고 있었다고 한다. 광부의 아내들은 이곳에 사는 도롱뇽을 성황신처럼 정성을 다해 모셨다. 그들은 도롱뇽이 살아 있으면 남편이 무사할 것이란 믿음을 가지고 있었다. 갱도가 무너지는 사고가 발생했을 때도 아내들은 우선 이 연못에서 도롱뇽부터 찾았다. 도롱뇽이 있으면 남편이 죽지 않았다고 여겼던 것이다.

'막장 인생'이란 말이 있다. 막장은 탄광의 맨 끝부분이다. '막장 인생'이란 밑바닥까지 간 인생을 자조적으로 일컫는 말로 쓰였다. 탄광일은 그만큼 일이 힘들고, 사고도 잦았다. 1970~80년대에는 탄광 갱도가 붕괴되는 사고가 심심치 않게 신문의 첫머리를 장식하곤 했다. 그처럼 험한 일을 하는 남편을 매일 아침 탄광 속으로 보내야 했던 아내들의 심정이 어떠했는지는 짐작이 가고도 남는다. 도롱뇽에 의지해서라도 남편의 안녕을 기원했던 아내들이라니. 화절령에 세워져 있는 김남주 시인의 〈검은 눈물〉이란 시비에

|1|
|2|

1,2 운탄고도가 지나는 1177갱 앞에 전시된 석탄운반차(위)와 광부 조각상. '막장인생'을 살며 석탄을 캐던 광부들이 있어 그 시절 우리의 겨울은 따뜻했다.

적힌 시를 읽다 보면 광부 가족들의 가슴 졸이는 마음에 동화되어 금방 눈시울이 붉어지게 된다.

화절령의 탄광은 2004년 동원탄좌를 마지막으로 모두 폐광됐다. 광부의 아내들은 더 이상 아침마다 굴속으로 들어가는 남편을 보지 않아도 됐다. 탄광촌 사람들은 모두 떠났다. 그들이 살았던 흔적조차 지워졌다. 사람들은 광부들이 캐낸 연탄으로 고단한 시절을 견뎠으면서도 그들의 이야기를 까맣게 잊었다. 다만, 안도현 같은 시인이 있어 고마워할 줄 모르는 세태에 일갈할 뿐이다.

연탄재 함부로 발로 차지 마라
너는 누군가에게 한 번이라도 뜨거운 사람이었느냐

- 안도현 시인의 〈너에게 묻는다〉 전문 -

지금도 도롱이못에는 봄이면 도룡뇽이 알에서 깨어난다. 고라니와 멧돼지도 아침이면 이 못을 찾아 목을 축이고 간다. 봄부터 가을까지는 이름도 모를 수많은 들꽃들이 피어난다. 세월이 흘러, 이곳에 탄광이 있었다는 흔적조차 사라진 뒤에도 이 도롱이못은 한 시대의 증인으로 남아 있을 것이다.

도롱이못에서 운탄고도를 따라 만항재 방면으로 700m쯤 가면 1177갱이 있다. 이곳은 동원탄좌 사북광업소에서 개발한 최초의 갱이다. 이 갱이 고한 사북 지역 탄광개발의 시발점이었다. 이 갱이 개발된 후 주변에 10여 개의 탄광이 생겨났고, 채굴한 석탄을 함백역으로 옮기기 위해 운탄고도가 만들어졌다. 지금은 갱도가 있던 자리에 체험할 수 있는 갱을 만들어 놨다. 그 앞으로는 광부 조형물과 석탄을 채굴해 밖으로 내오던 탄차 같은 조형물이 있다.

화절령에서 동쪽으로 뻗어나간 운탄길의 끝은 만항재에 닿는다. 이 고개의 높이는 해발 1330m. 포장된 도로 가운데 전국에서 가장 높다. 백두대간 함백산의 마루금까지 이어진 이 고개에서 정선과 태백, 영월이 만난다. 화절령에서 이 고개까지 운탄고도가 이어져 있다. 특히, MTB 마니아들은 만항재에서 시작해 두위봉을 거쳐 예미까지 라이딩을 즐긴다. 여행자들은 설렁설렁 걸어서 트레킹을 하기도 한다.

만항재는 가장 높은 고개를 드라이브 하는 것 말고 재미난 게 또 있다. 한여름에도 서늘한 기운이 느껴지는 이 고개는 사시사철 꽃이 만발한다. 특히, 여름철에는 70여 종의 들꽃이 핀다. 이 가운데 대부분은 8월에 만개한다. 들꽃이 피는 곳은 고갯마루에서 만항마을로 향한 비탈과 백두대간 마루금이 지나는 쉼터다. 여름이면 침엽수가 웃자란 이 숲에 들불처럼 꽃이 피어난다. 만항재를 대표하는 여름 수종은 둥근이질풀이다. 5개의 연분홍빛 꽃잎을 가진 이 꽃은 숲 전체를 뒤덮듯이 피어난다. 특히, 침엽수림이 펼쳐진 곳은 대부분 둥근이질풀이 군락을 이루고 있다. 이 외에도 주황색 꽃잎에 검은색 점이 알알이 박힌 말나리와 흔들면 노루오줌 냄새가 난다는 노루오줌, 새하얀 꽃잎을 촉수처럼 뻗은 꿩의다리, 노란색 팝콘이 연상되는 미타리 등도 함께 피어난다. 어쩌면 탄광촌에서 살다 간 이름 없는 수많은 광부와 그 가족들이 꽃으로 피어난 것인지도 모르겠다.

info.

위치 강원도 정선군 사북읍 하이원길 265 **교통** 자가운전, 기차 **코스&소요시간** 하이원 워터월드~운탁분교터~화절령~도롱이못 왕복 2시간 **난이도** ★★☆☆☆ **추천 계절** 봄~가을 **준비물** 물, 도시락, 간식 **문의** 정선군 문화관광과(033-560-2365)

✽ 길라잡이

하이원리조트 워터파크보다 화절령 삼거리에 주차하는 게 좋다. 이곳까지 포장도로는 걷기가 불편하다. 화절령 삼거리에서 고갯마루까지는 1.2km 거리로 20분이면 충분하다. 고갯마루에서 돌아올 때는 영월군 예미 방면으로 가는 운탄고도를 따라가다 화절령 삼거리로 내려온다. 왕복 2시간쯤 걸린다. 도롱이못과 아롱이못은 화절령 정상에서 100m 이내 거리에 있다. 산길을 좀 더 걷고 싶다면 화절령에서 백운산 방면으로 운탄고도를 따라간다. 이 길을 따라가면 하이원리조트 스키장 정상이 있는 마운틴 탑에서 곤돌라를 이용할 수 있다. 이 길을 계속 가면 하이원 골프장을 거쳐 만항재에 이른다. 화절령에서 만항재까지는 15.3km. 걸어가면 꼬박 5시간쯤 걸린다.

※ 가는 길

영동과 중앙고속도로를 이용, 제천IC로 나온다. 제천에서 영월을 거쳐 태백으로 가는 38번 국도를 따라간다. 사북읍에서 강원랜드 이정표를 따라서 올라가면 왼쪽에 폭포주차장이 있다.

※ 맛집

고한읍은 탄광 경기가 좋을 때부터 고기가 유명했다. 광부들은 두툼하게 썬 돼지고기로 목에 낀 탄가루를 씻어내며 하루의 피로를 달랬다. 지금도 고기요리를 잘하는 집이 여럿 있다. 이 가운데 낙원회관(033-591-2510)은 얼리지 않은 한우(사진)를 부위별로 내놓는다. 태백 인근의 고원지대에서 기른 한우를 두툼하게 썰어내는데, 육즙이 살아 있고 식감이 좋다. 3만 2,000~4만1,000원.

※ 숙박

하이원리조트(1588-7789)에는 호텔과 콘도 등 다양한 타입의 숙박시설이 있다. 만항재에서 화방재로 가는 길에 있는 장산콘도(033-378-5550)는 산중에 있는 별장처럼 아늑하다.

※ 볼거리

석탄 산업 합리화 정책으로 탄생한 하이원리조트는 카지노 외에도 즐기고 놀거리가 다양하다. 겨울에는 스키를 탈 수 있고, 여름밤에는 호숫가에서 루미나리에 장식을 배경으로 화려한 분수쇼가 열린다. 워터파크도 있다. 특히, 스키장 슬로프는 8월이면 꽃대궐을 이룬다. 고한읍에서 만항재 가는 길에 있는 정암사는 5대 적멸보궁의 하나다. 신라의 고승 자장율사가 꿈에 문수보살을 알현하고 찾아낸 명당에 세웠다. 부처의 진신사리를 봉안했다는 수마노탑(사진)은 최근 국보로 지정되었다. 두문동재~금대봉은 우리나라에서 손꼽는 야생화 트레킹 코스다. 특히, 5월 말부터 들꽃이 피기 시작해 가을까지 이어진다.

평창,
선자령

끝없는 초원 펼쳐진 바람의 언덕

❋ (구)대관령휴게소~새봉 전망대~선자령

바람이 분다. 야생화가 흔들린다. 초원의 풀들이 눕는다. 구름이 백두대간을 넘어간다. 하얀색 거대한 바람개비가 웅~웅~ 소리를 내며 돌아간다. 여기는 바람의 언덕이라 불리는 선자령. 알프스처럼 펼쳐진 산정의 초원에서 바람과 마주하는 곳이다.

선자령(1157m)은 대관령 지나 북으로 향하는 백두대간에 솟은 봉우리다. 정상부는 산이라 부르기가 어색할 만큼 평퍼짐한 모습이다. 산세가 소의 등짝처럼 부드럽다. 이는 선자령만 그런 게 아니다. 대관령에서 선자령을 거쳐 황병산에 이르는 구간의 산세가 모두 그렇다. 1972년 동양 최대 규모의 삼양목장이 조성된 것도 이 같은 지리적 여건 때문이었다. 삼양목장의 넓이는 1,983만㎡. 여의도보다 여섯 배나 크다. 선자령을 필두로한 아늑한 구릉을 따라 드넓은 초원이 펼쳐져 이국적인 풍경을 연출한다. 여기에 수십 기의

선자령으로 가는 길은 바람이 많다. 백두대간 주릉까지 목장을 조성하면서
만든 초원이라 바람이 거칠 것 없이 산을 넘나든다.

선자령 정상에 서면 백두대간 주릉을 따라 펼쳐진 초원과 거대한
바람개비를 닮은 풍력발전기가 도열한 모습을 볼 수 있다.

풍력발전기가 세워졌다. 백두대간을 넘나드는 바람을 이용해 청정한 에너지를 생산하자는 것이다. 여기에 초원의 풍경과 풍력발전소가 어울리면 특별한 볼거리가 될 거라는 의도도 다분하다. 그러나 백두대간 마루금에 풍력발전소를 세운 것이 오히려 자연미를 해친다는 지적도 많다.

사실, 선자령은 대표적은 눈꽃 트레킹 명소다. 대관령에서 이어진 산길이 부드럽고 평탄한 데다 적설량이 풍부하기 때문. 그러나 선자령 트레킹의 진정한 묘미는 가을이다. 높고 푸른 하늘 아래, 하늘만큼 넓은 초원이 펼쳐진 풍경은 가슴을 탁 트이게 한다. 그 산정의 초원을 따라 거닐면 알퐁스 도데의 소설 《별》에 나오는 목동처럼 순박한 동심으로 돌아가게 된다. 선자령은 또 해발 1,000m가 넘는 산길이지만, 오르막과 내리막이 심하지 않아 거의 평지를 걷는 것처럼 편안하게 오갈 수 있는 것도 매력이다.

트레킹은 구 영동고속도로 대관령휴게소에서 시작한다. 선자령으로 가는 길은 세 갈래. 대관령휴게소에서 곧장 시작하는 코스는 양떼목장을 거쳐 백두대간의 7부 능선을 따라 선자령으로 간다. 이 코스는 하산길로 이용하는 게 좋다. 대관령휴게소에서 백두대간 마루금을 향해 시멘트 포장도로를 따라가면 국사성황당으로 가는 길이 있다. 그 길을 따라가면 길이 두 갈래로 나뉜다. 왼쪽은 국사성황당, 오른쪽은 KT중계소로 간다. 어느 길로 가도 상관은 없다. 두 갈래 길은 국사성황당 위의 잘록한 안부에서 만난다. 다만, 국사성황당 주차장에서 왼쪽으로 난 길을 따라가면 작은 고개를 넘어가 양떼 목장에서 오는 길과 만난다.

본격적으로 선자령 트레킹을 하기 전에 국사성황당부터 들러보자. 예전에는 어느 고개를 불문하고 성황당이 있었다. 그러나 급은 고개마다 달랐다. 행인들이 던진 돌이 쌓여 만들어진 돌무덤이 전부인 곳도 있지만, 나라에서 정성을 다해 모시는 성황당도 있다. 대관령 국사성황당이 바로 나라에서 특별 관리하던 곳이다. 이유는 옛날 대관령이 이곳을 지나기 때문이었다. 대관령은 조선 시대 한양과 강릉을 잇는 관동대로의 대미를 장식하는 고개다.

대관령(860m)은 높이로만 따지면 정선 만항재(1330m)나 지리산 성삼재(1100m)보다 한참 낮다. 그러나 사람들이 느끼는 심리적인 높이는 훨씬 높다. 예전에는 강릉 사람 가운데 평생 동안 대관령 고개 한 번 넘어보지 못한 이들이 수두룩했다. 그들에게 대관령은 두려움의 대상이자 동경의 공간이었다. 대관령 고개만 넘으면 동해와는 다른 세상이 펼쳐질 것이라는 막연한 동경을 품고 살았다. 대관령에 대한 강릉 사람들의 이같은 동경은 강릉에서 나고 자란 소설가 이순원이 쓴 장편소설《19세》에 잘 나타나 있다.

대관령 고갯길의 역사는 삼국 시대까지 거슬러 간다. 최소 1,500년 전에 이 고개가 열렸다. 후삼국 때는 궁예가 명주성을 치기 위해 대관령을 넘었다. 조선 시대에는 관동대로의 큰 관문으로 영동에 부임하는 관리들이 모두 이 고개를 넘어갔다. 그들뿐이랴. 이름깨나 있는 시인 묵객들이 대관령을 넘어 관동을 유람했다. 강릉이 고향인 신사임당은 서울로 가는 길에 어린 율곡의 손을 잡고 대관령 고갯마루에 서서 고향에 대한 사무치는 마음을 쏟아내기도 했다.

늙으신 어머니를 강릉에 두고

이 몸 홀로 서울로 가는 마음

돌아보니 북촌은 아득도 한데

흰 구름만 저문 산을 날아 나리네

- 〈사친시〉 전문 -

대관령 마루에 있는 국사성황당은 이처럼 '큰 고개'를 지키며 길손의 안녕을 기원하였기에 이름에 '국사'가 붙은 것이다. 국사성황당은 지금도 그 위세를 떨치고 있다. 유네스코가 정한 세계문화유산으로 지정된 강릉 단오제는 이곳 성황당에서 제를 올리고, 서낭신을 상징하는 신목을 강릉으로 모시고 가는 것으로 시작한다. 단오제 외에도 국사성황당에는 1년 365일 무속인의 발길이 끊이지 않는다.

국사성황당 뒷길로 100m 오르면 KT중계소가 있는 백두대간 주릉이다. 왼쪽으로 가면 선자령으로 간다. 이곳에서 고개를 넘어가면 대관령 옛길이다. 대관령 옛길은 구 대관령 고속도로를 지나 대관령박물관까지 이어진다. 대관령의 오랜 역사를 곱씹으며 이 길도 걸어볼 만하다. 그러나 선자령과 대관령 옛길은 엄연히 다른 길이니 서로 혼동해서는 안 된다.

KT통신중계소 입구를 지나면 본격적인 산길로 접어든다. 산허리를 가로질러 가는 길 주위에는 늦봄부터 초가을까지 야생화가 만발한다. 야트막한 구릉 같은 산줄기 너머로는 풍력발전기의 거대한 바람개비 날개가 보이기 시작한다. 길은 대부분 숲 그늘 속으로 나 있다. 키가 높지는 않지만 활엽수가 이룬 숲은 제법 깊다. 그 숲을 요리조리 헤치며 길이 이어진다.

KT통신중계소에서 10분쯤 가면 갈림길이 나온다. 왼쪽은 새봉의 옆구리를 타고 가는 길이다. 동해의 전망을 보려면 오른쪽 길을 택해 새봉 정상으로 향한다. 갈림길에서 새봉 정상은 멀지 않다. 숨이 조금 가빠지려고 하면 하늘이 툭 터지면서 전망대가 모습을 드러낸다. 새봉 전망대는 동쪽을 향해 반원형의 데크가 만들어져 있다. 이곳에 서면 동해바다가 남김없이 펼쳐진다. 대관령 아래 첫 고을 강릉시를 필두로 동해 해안선의 아늑한 풍경이 시원하다. 겨울에는 서 있기조차 힘들 만큼 바람이 거센 곳이기도 하다.

새봉을 지나면 길은 다시 숲으로 든다. 활엽수 숲은 생각했던 것보다 깊다. 한낮에도 어둑어둑할 만큼 우거졌다. 그 숲길을 따라 내려오면 새봉 전망대 전에 나뉘었던 길과 다시 합류한다. 두 길이 만난 후부터 다시 산길은 평온을 되찾는다. 이제부터 크게 힘들일 것 없이 선자령을 향해 간다. 전망대에서 선자령까지 2.5km 거리이지만 30분이면 충분할 만큼 길이 좋다. 걷다 보면 풍력발전기가 성큼 다가온다.

선자령을 1km 앞에 두고는 목장길을 따라간다. 백두대간 마루금을 경계로 동쪽은 급경사의 벼랑, 서쪽은 아늑한 구릉이다. 따라서 목장은 정확히 백두대간 마루금을 경계로 서쪽에 있다. 동쪽의 벼랑은 일부러 목책을 설치

선자령은 삼양목장의 그림같은 자태와 동해의 푸른 바다를 조망하는 전망대다. 산길이 부드럽고 편해 가벼운 트레킹을 하기 그만이다.

| 1 | 2 |

1 대관령 성황당에서 칠부 능선을 따라 선자령으로 가는 길 초입은 낙엽송 조림지대다. **2** 선자령에서 대관령 양떼목장으로 가는 길은 숲으로 나 있다. 작은 계곡을 따라 걷는 길이라 시원한 조망의 주릉을 따라 걷는 것과는 다른 재미가 있다.

하지 않아도 될 만큼 자연적인 울타리가 된다. 목장길을 따라 걷는 기분은 상쾌하다. 목초는 무릎을 칠 만큼 높이 자라 있다. 풍력발전기는 가까이 다가갈수록 날개 돌아가는 소리가 점점 커진다.

목장길을 따라 마루금을 크게 돌아가면 선자령 정상이 코앞이다. 평퍼짐한 정상부에는 '백두대간 선자령'이라 새긴 거대한 표지석이 있다. 여기서 온 길을 돌아보면 KT통신중계소가 손에 잡힐 듯이 가깝게 보인다. 북쪽으로는 삼양목장을 따라 끝없이 도열한 풍력발전기의 행렬이 인상적이다.

선자령에서 대관령휴게소로 돌아가는 길은 두 갈래. 하나는 왔던 길을 되짚어가는 것이다. 다른 하나는 삼양목장으로 내려서다가 백두대간 7부 능선을 타고 가다 계곡으로 이어진 길을 따라간다. 이 길의 끝에 양떼목장이 있다. 올 때 백두대간 주릉을 따라왔다면 하산로는 이 길을 택하는 게 좋다.

선자령에서 북쪽으로 넘어서면 가파른 내리막길이다. 그 길을 따라 500m쯤 가면 목장을 관리하는 비포장도로와 만난다. 이곳에서 왼쪽으로 난 도로를 따라간다. 등산로를 안내하는 이정표도 있다. 도로를 따라 300m 가면 다시 도로가 둘로 나뉜다. 여기서 곧장 계곡으로 내려선다. 이제부터는 백두대간 마루금을 왼쪽에 두고 내려간다. 길은 꾸준한 내리막이다. 초입에는 선자령을 향해 걸었던 초원이 보인다. 하지만 어느 순간 길은 숲으로 든다. 오른쪽으로는 계곡이 시작된다. 쫄쫄 흘러가던 계곡의 물줄기는 밑으로 내려올수록 제법 덩치가 커진다.

샘터에서 목을 축이고 1km쯤 내려오면 짧은 오르막이 시작된다. 하늘

높은 줄 모르고 쭉쭉 치솟은 낙엽송 사이로 길이 나 있다. 고개에 오르면 길이 둘로 나뉜다. 왼쪽은 국사성황당, 오른쪽은 양떼목장으로 가는 길이다. 어느 길로 가더라도 20분 뒤에는 대관령휴게소에 닿는다. 갈림길에서 국사성황당은 200m 거리다.

> info.

위치 강원도 평창군 대관령면 횡계리 14-111(대관령휴게소) **교통** 자가운전, 대중교통(버스+택시) **코스&소요시간** 대관령휴게소~국사성황당~새봉 전망대~선자령~샘터~양떼목장 왕복 3시간 30분 **난이도** ★★★☆☆ **준비물** 물, 간식, 도시락, 바람막이 재킷 **추천 계절** 늦봄~겨울 **문의** 평창군청 문화관광과(033-330-2753)

✻ 길라잡이

대관령휴게소에서 선자령(1157m)까지 고도차는 약 300m. 백두대간 능선이 완만해 힘들이지 않고 갈 수 있다. 5월 중순 이후부터 초원으로 변하기 때문에 늦봄부터 찾는 게 좋다. 특히, 겨울의 선자령은 눈꽃 여행지로 인기가 높다. 그러나 선자령 트레킹은 날씨가 변수다. 여름이라도 날이 궂으면 트레킹을 하지 않는 게 좋다. 바람이 심한 날은 능선길보다 양떼목장에서 7부 능선과 계곡을 따라가는 코스를 택하는 것이 안전하다.

✻ 가는 길

영동고속도로 대관령IC로 나와 대관령 면소재지를 향해 우회전하면 면소재지 입구에 사거리가 있다. 이곳에서 좌회전, 구 영동고속도로를 따라

6km 가면 대관령휴게소다. 양떼목장 입구에 주차 후 트레킹을 한다. 국사성황당에도 20여 대의 주차공간이 있다. 동서울터미널에서 횡계(대관령면)까지 시외버스가 30분 간격으로 운행된다. 횡계에서 대관령휴게소까지는 택시를 이용한다.

✻ 맛집

대관령면 일대는 우리나라에서 가장 유명한 황태덕장이 있는 곳이다. 대관령 면소재지에는 황태요리를 파는 집이 많다. 황태해장국(사진)이나 정식, 구이, 찜 등 다양한 요리를 맛볼 수 있다. 황태덕장(031-335-5942). 납작식당(033-335-5477)은 이제는 전설이 된 오삼불고기의 원조집이다. 담백한 오징어와 기름진 삼겹살이 언뜻 부조화처럼 보이지만 매콤한 소스와 어울리면서 별미로 거듭났다. 지금도 옛날 맛이 여전하다. 오삼불고기 1인분 1만3,000원.

✻ 숙박

대관령휴게소로 가는 길에 펜션이 여럿 있다. 대관령가는길(010-8694-1856), 대관령품안에(033-335-0830). 용평리조트(1588-0009)는 호텔과 콘도 등 숙박시설을 비롯해 워터파크, 스키, 골프 등을 즐길 수 있는 종합 리조트다.

✻ 볼거리

국사성황당은 대관령을 넘나드는 사람들과 나라의 안녕을 빌던 곳이다. 특별한 볼거리는 없지만 오랜 길의 역사를 떠올리며 한 번쯤 들렀다 가보자. 대관령휴게소에 있는 양떼목장(사진)은 강릉 여행길에 꼭 들렀다 가는 곳. 6만 평 목장에 300마리의 양이 사육되고 있다. 해마다 20만 명 이상 찾을 만큼 인기다. 용평리조트는 겨울철 스키가 아니라도 사계절 내내 즐길 거리가 많다. 삼양목장(033-335-5044)에서도 버스를 이용해 백두대간 주릉까지 올라갈 수 있다. 이곳에서도 양 모이주기, 사냥개 양몰이 등을 체험할 수 있다. 입장료는 9,000원.

평창,
오대산 선재길

오대 암자를 잇던
천년의 길을 걷다

❋ 월정사~오대산장~상원사

누군가 가장 한국적인 길을 묻는다면 오대산 월정사 전나무숲을 가보라고 하겠다.
새벽에 이 길을 걸으면 청신한 기운이 뼛속까지 스민다.

봄이 무르익을 무렵이면 떠오르는 길이 있다. 월정사 전나무숲이다. 일주문에서 절까지 이어진 이 숲길은 절로 가는 길 가운데 가장 아름답다. 전나무의 곧추선 기상은 상념을 통렬히 깨트리는 죽비처럼 장쾌하다. 그러나 이 길이 끝이 아니다. 월정사에서 다시 길이 시작된다. 계곡을 따라 상원사로 가는 옛길이 다시 열렸다. 오대산에 석가모니 사리를 모신 후 스님들이 부처의 향기를 쫓아 오르던 길이다. 이 길 이름이 선재길이다. 본래 천년의 길이라 이름 지었다가 문수보살을 모신 상원사에서 영감을 얻어 선재길로 바꿨다. '선재'는 문수보살이 현신한 동자승을 뜻한다.

오대산 옛길은 부처를 찾아가는 길이다. 석가모니의 몸에서 나온 진신사리는 양산 통도사, 오대산 상원사, 설악산 봉정암, 사자산 법흥사, 태백산 정암사 등 모두 다섯 곳에 모셔졌다. 이를 오대 적멸보궁이라 부른다. 이 가운데 오대산의 적멸보궁은 중대라 불리는 곳에 있다. 이곳이 오대산의 중심을 뜻한다. 중대와 중대를 감싸고 돈 네 개의 봉우리를 합쳐 '오대'라 부르고, 이것이 오대산이란 이름이 됐다. 월정사에서 중대로 가는 길목, 상원사로 가던 옛길은 한때 잊혔다. 모든 길이 편리함의 상징이 된 자동차에게 내주면서다. 그러나 숲과 길, 자연에 대한 성찰이 깊어지면서 잊혔던 길이 살아났다. 월정사~상원사를 잇는 옛길이 선재길로 다시 부활한 것이다.

산사의 새벽. 월정사 일주문부터 길을 잡는다. 전나무숲길에는 차분한 아침 공기가 흐른다. 이 길! 절로 가는 길을 이야기할 때 항상 등장하는 이 길, 전나무숲길이다. 월정사 진입로의 전나무 숲길은 부안 내소사로 드

아침햇살이 파고드는 월정사 전나무숲.
몇 아름도 넘는 전나무들이 이룬 숲은 그 자체로 절경이다.

는 전나무 숲길과 쌍벽을 이룬다. 이렇게 우거진 숲이 하나 더 있다. 광릉 국립수목원이다. 그러나 나무의 수령이나 숲의 깊이를 따지자면 월정사가 한 수 위다.

월정사 전나무숲길은 900m다. 이 길은 맨발로 걸어도 좋다. 그만큼 길을 잘 만들어 놨다. 길이 끝나는 곳에 발 씻는 곳도 있다. 일주문과 성황각 사이는 드라마 〈도깨비〉 촬영지다. 성황각을 지나면 할아버지 전나무가 있다. 지금은 쓰러져 밑둥치만 남은 전나무다. 밑둥치 둘레가 어찌나 큰지 살았을 때 이 나무의 규모가 상상이 안 갈 정도다. 이런 나무들이 생을 마치면서 주변에 씨앗을 뿌리고, 손자 나무들을 자라게 한다. 숲은 그렇게 생과 멸이 함께 이루어지며 순환의 고리를 이어간다.

전나무숲길이 끝나고 계곡에 놓인 금강교와 만나면서 월정사의 품에 든다. 이른 아침인데도 불자 몇이 산책을 왔다가 소리도 없이 돌아간다. 계곡은 아직 이른 새벽인데, 월정사에만 아침 햇살이 쏟아진다. 명당이란 이런 것을 두고 이르는 것일 게다. 어디 이뿐인가. 오대산의 오대 암자 모두 천하의 명당에 자리한다.

월정사는 신라 시대 고찰이다. 선덕여왕 때 자장율사가 창건했다고 하니 흔히 말하는 천년 고찰인 셈이다. 이렇게 유서 깊은 절들은 대부분 사세가 크다. 특히, 절로 가는 숲길이 저리 아름다운데, 당연히 절도 클 것이라 생각한다. 그러나 월정사는 생각만큼 큰 절이 아니다. 월정사의 얼굴이라고 할 수 있는 팔각구층석탑과 적광전이 있는 마당에서 보는 모습이 이 절의 거의 전부다. 거창 해인사나 예산 수덕사 같은 규모를 생각했다면 조금 실망할 수도 있다. 그러나 절이 품은 깊이는 사세와는 무관하다. 돌을 떡 주무르듯이 했다는 선인들의 솜씨로 빚은 팔각구층석탑을 찬찬히 뜯어보다 보면 오대산의 너른 품에 안긴 월정사의 품격이 느껴진다. 그 앞에 두 손을 다소곳하게 모으고 앉은 석조보살좌상의 미소는 볼수록 정감이 간다. 다만, 석조보살좌상 진품은 월정사 입구 성보박물관에 모셔져 있고, 절에는 모조품이 전시되어 있다.

월정사를 뒤로 하고 상원사로 가는 선재길을 찾아간다. 월정사 금강교에서 상원사까지는 9.2km. 넉넉한 걸음으로 3시간이 조금 넘게 걸린다. 월정사를 빠져나오면서 계곡을 건너 선재길이 시작된다. 아니, 월정사 일주문부터 계곡 건너편으로 선재길이 시작되지만, 대부분 전나무 숲길을 걷고 싶은 마음이 앞서 월정사를 지난 후에야 선재길을 찾는다. 월정사에서 곧장 선재길로 들 수도 있고, 포장도로를 조금 더 따라가 월정사 부도밭까지 보고 갈 수도 있다. 월정사에서 300m쯤 떨어진 부도밭 역시 전나무숲에 들어앉아 있다. 특히한 것은 오래된 부도 대부분은 종 모양이다. 부도밭에서 200m를 가면 다리를 건넌다. '회사거리'라 부르는 이곳부터 다시 선재길과 만난다.

회사거리에서 선재길은 계곡을 건너간다. 이제부터 한동안은 계곡 오른편으로 길이 나 있다. 계곡 왼편 신작로는 차량이 오가는 길이다. 선재길은 대부분 부드럽다. 가끔 바위들이 울퉁불퉁한 곳도 있지만 대부분은 부

1	
2	3

1 스님들이 선재길 초입 신작로를 따라 월정사 일주문을 향해 걸어가고 있다. **2** 선재길 중간에 놓인 섶다리와 산책 중인 템플 스테이 참가자들. **3** 전나무숲에 들어앉은 월정사 부도밭. 이곳에서 다리를 건너 선재길을 따라 상원사로 간다.

: 평창, 오대산 선재길

4 전나무숲이 끝나면 나오는 월정사 천왕문. 저 문을 들어서면 아늑한 터에 월정사가 있다.
5 오대산장 주변의 숲에 만발한 동이나물. 선재길은 처음부터 끝까지 계곡을 따라 숲으로 나 있다.

드러운 오르막 흙길이라 걷기 좋다. 월정사를 출발해 상원사에 닿을 때까지, 처음부터 끝까지 계곡을 따라가는 길이라 한여름에도 더위를 모른다. 오대산의 봄은 늦게 온다. 보통 5월 중순은 되어야 계곡에 접한 나무에 초록이 든다. 이때부터 단풍이 절정을 이루는 10월 말까지가 선재길 걷기 좋은 계절이다.

선재길로 접어들어 1km쯤 가면 보메기다. 보를 막아 밭에 물을 대던 곳이다. 이곳은 계곡물이 유달리 맑다. 이곳에서 다리를 건넌다. 보통 다리가 놓인 곳에는 징검다리도 있다. 처음 천년의 길을 만들 때 조성한 것이다. 징검다리는 큰비가 와도 끄떡없을 것처럼 넉넉하다. 보메기를 지나서도 선재길은 계곡을 서너 번 건너다닌다. 그럴 때마다 다리 위에서 보는 계곡의 풍경이 눈부시게 아름답다. 이처럼 아름다운 계곡을 눈길도 안 주고 차를 타고 휑하니 상원사로 가는 이들이라니. 그저 안타까울 뿐이다.

섶다리가 놓인 곳을 지나 계곡 건너기를 여러 번 하다 보면 밭이 있는 아늑한 터가 나온다. 그곳을 지나면 계곡을 건너간다. 옛날 동피골 야영장이 있던 오대산장이다. 이곳까지는 월정사에서 4km 거리다. 이곳에서 상원사까지도 그만큼의 거리가 남았다. 오대산장부터는 계곡의 왼쪽으로 길이 나 있다. 가끔 계곡 위로 놓인 데크길도 지나는데, 얼마 가지 않아 다시 계곡을 건너간다. 이곳부터 상원사까지 1.3km는 오롯이 계곡 오른쪽으로 난 길을 따라간다. 오르막도 아니고, 평지도 아닌 딱 걷기 좋은 길이 하염없이 계곡을 따라 나 있다.

월정사가 대가람의 풍모와 위엄을 간직하고 있다면 상원사는 역사와 전설, 뛰어난 문화재로 당당한 절이다. 보천과 효명, 신라의 두 왕자가 1만 명의 문수보살을 친견하였던 곳으로, 왕위에 오른 효명(성덕왕)이 문수보살 상을 봉안한 이래 우리나라에서 유일하게 문수보살상을 모시고 있는 문수 신앙의 진원지이다. 상원사는 또 조카(단종)의 왕위를 찬탈해 나쁜 임금으로 그려지는 세조와 연관된 설화가 많다.

　　상원사 입구에는 세조가 목욕할 때 의관을 걸어놨다는 조그만 비석 관대걸이가 있다. 세조는 임금에 오른 후 등창으로 고생했는데, 전국의 이름난 절을 찾아다니며 이 병을 치료하려고 했다. 그중 한 절이 상원사다. 어느 날 세조가 상원사에 머물며 계곡에서 몸을 씻고 있는데, 어린 동자승이 와서 등을 닦아주었다. 이때 세조가 동자승에게 '어디 가서 옥체(임금의 몸)를 보았다고 말하지 말라'고 하자, 동자승은 '임금도 문수보살이 등을 씻어줬다는 말을 하지 마라'고 했다. 세조가 그 소리에 깜짝 놀라 돌아보니 동자승은 사라지고 없었다. 그 후 세조의 병은 씻은 듯이 나았다고 한다.

　　세조와 상원사의 인연은 이게 전부가 아니다. 세조가 상원사에 머물 때 고양이 한 마리가 법당에서 뛰쳐나와 세조의 옷자락을 물고 늘어졌다. 이를 이상히 여긴 세조가 법당을 조사하게 하자 불상 뒤에서 자객이 나왔다고 한다. 상원사 뜰에 있는 고양이상은 세조가 자신의 목숨을 구해준 고양이를 위해 만든 석상이다.

　　이처럼 상원사로부터 많은 은혜를 입은 세조는 상원사에 몇 가지 선물을 안겼다. 우선 자신의 등을 닦아준 문수보살을 목조로 새겼다. 이게 바로 청량선원에 모셔진 문수동자상이다. 머리를 따 놓은 모습은 영락없는 어린 아이지만 눈매는 어른 못지않은 진지함이 서려 있는 조선 초기 불상의 진수다. 문수동자상에서는 부처의 진신사리와 세조의 어의(御衣)를 비롯한 복장유물, 세조의 둘째 딸 의숙공주가 왕세자의 건강과 아버지 세조의 쾌유를 빈 기원문, 불경이 나왔다.

세조는 또 상원사에 세상에서 가장 아름다운 소리를 내는 종을 하사하고 싶었다. 몇 달을 수소문한 끝에 경북 안동 누문에 걸린 종을 찾아냈다. 이 종이 에밀레종보다 45년이나 앞선, 통일신라 성덕왕 24년(725년)에 만들어진 우리나라에서 가장 오래된 종이다. 나이도 나이려니와 맑은 종소리는 천상에서 부르는 소리처럼 경쾌하고도 은은하다. 오대산에 드리운 새벽안개를 밀치며 골짜기를 따라 길고도 긴 여운이 승무(僧舞)의 춤사위처럼 퍼져 나간다. 세상의 모든 것들은 은은한 종소리에 하나둘씩 깨어나고, 이미 깨어 있던 자들의 혼돈스러운 머릿속으로도 한 줄기 광명이 내리는 것이다. 아침을 깨우고, 정신을 깨우고, 속세의 번뇌를 잠재우려는 천계의 의지처럼 종소리에는 무한한 가르침이 담겨 있다. 그 아름다운 소리는 어쩌면 동종에 새겨진 비천상에서 나오는지도 모른다. 천상의 선녀들이 구름을 타고 경쾌하게 하늘을 날며 공후와 생을 연주하는 비천상은 생동감이 철철 넘친다.

이처럼 많은 전설의 가피를 입은 상원사는 근대 불교에서도 큰 빛을 발한다. 상원사는 경허, 만공 스님과 함께 근대 불교를 이끈 방한암 스님이

27년 간 주석하면서 한국전쟁의 포화 속에서도 이 절을 지켜냈다. 스님은 절을 불태우려는 군인들에게 '이 법당과 함께 불에 타서 소신(燒身)을 공양하겠노라'고 맞섰다. 군인들은 방한암 스님의 굳은 심지에 감화되어 결국 대문짝만 태우고 돌아섰다. 한국전쟁 때 처참하게 불탄 월정사에 비해 상원사에 귀중한 문화유산이 많이 남아 있는 것은 오로지 방한암 스님의 공로다.

상원사 마당에 서면 월정사부터 지나온 계곡이 발 아래 펼쳐진다. 사방을 아우르는 탁월한 조망이다. 이처럼 너른 품이 있어 부처의 진신사리를 이 산에 모셨을 것이다. 진신사리를 모신 적멸보궁까지는 가파른 길을 따라 많은 걸음을 보태야 한다. 하지만, 상원사에서 보는 풍경만으로도 적멸보궁이 가히 짐작이 간다. 적멸보궁은 부처의 세상으로 두고 이쪽에서 발길을 돌려도 여한이 없다.

> info.

주소 강원도 평창군 진부면 동산리 63(월정사) **교통** 자가운전, 대중교통(KTX+시내버스) **코스&소요시간** 일주문~월정사~회사거리~오대산장~상원사 편도 3시간 **난이도** ★★☆☆☆ **추천 계절** 늦봄~늦가을 **준비물** 물, 간식 **문의** 오대산국립공원(033-332-6417)

＊ 길라잡이

선재길은 오르막 구간이 거의 없어 편안하게 걸을 수 있다. 가끔 울퉁불퉁한 바윗길이 있지만 대부분 걷기 편한 흙길이다. 가끔 험한 곳은 데크로 길이 나 있다. 또 계곡을 건너는 곳에는 징검다리와 다리가 동시에 있어 선택해서 건널 수 있게 했다. 비가 많이 내렸을 때는 징검다리를 이용하면 안 된다. 선재길을 따라 휴식할 수 있는 벤치가 있다. 또 나무를 이용한 농기구나 조각품 등이 전시되어 있어 찾아보는 재미도 있다. 선재길은 상원사까지 시내버스가 운행해 편도만 걸으면 된다. 길이 험하지 않고 가파른 곳이 없기 때문에 월정사에서 상원사를 향해 걸어도 크게 부담은 없다. 월정사 전나무숲길이나 선재길은 이른 아침에 걸어야 호젓하다.

＊ 가는 길

자가운전은 영동고속도로를 이용한다. 진부IC로 나와 6번 국도 진고개 방면으로 9km 가면 삼거리다. 이곳에서 왼쪽 길로 2km 더 들어가면 월정사 매표소다. 월정사~상원사 구간은 비포장길이다. 걷기를 마친 후 돌아올 때는 시내버스를 이용한다. 대중교통을 이용하려면 진부를 경유한다. 동서울터미널에서 진부행 직행버스가 30분 간격으로 운행된다. 진부~월정사~상원사 시내버스는 30분 간격으로 운행된다. 청량리역에서 KTX 기차를 이용해도 빠르게 오갈 수 있다.

＊ 맛집

월정사 입구의 식당가와 진부 면소재지는 산채정식을 잘하는 집이 많다. 오대산을 비롯한 평창의 높은 산에서 나는 싱싱한 산나물로 푸짐한 상차림을 낸다. 특히, 5~6월 산나물이 나는 시기에 가야 제철 산나물을 맛볼 수 있다. 월정사 입구는 서울식당(033-332-6600), 진부는 부림식당(033-335-7576)이 알아준다. 부림식당 산채정식(사진) 1만5,000원.

※ 숙박

월정사 입구에 캔싱턴호텔(033-330-5000)을 비롯해 오대산 힐링타운 물빛동(010-2311-2000) 등의 숙박시설이 있다. 방아다리약수 주변에도 펜션이 많다.

※ 볼거리

월정사 입구에 한국자생식물원(www.kbotanic.co.kr · 033-332-7062)이 있다. 이곳은 우리나라 최초의 사설 식물원으로 우리나라 자생식물이 전시됐다. 월정사 입구에 월정사에서 나온 문화재를 전시한 성보박물관과 조선 왕조의 행차문화를 알 수 있는 왕조실록의궤 박물관이 있다. 월정사에서 차로 20분 거리에 있는 방아다리약수(사진)는 철분성분이 많은 약수로 손꼽는다. 산책로가 잘 조성되어 있어 쉬면서 걷기 좋다. 방아다리약수에서 고개를 넘어가면 이승복 생가와 운두령을 돌아볼 수 있다.

울진,
금강소나무숲길

낙동정맥 깊은 품에
솟은 결 곧은 기상

✽ 소광리 금강송펜션~너삼밭~오백년 소나무

　참 멀었다. 울진까지 가는 길도 멀고, 불영계곡에서 금강소나무 숲길을 찾아가는 길도 멀었다. 구절양장 같은 길은 곧 끝날 것 같으면서도 다시 이어진다. 그 불편한 길을 따라 멀미날 만큼 가야 금강송과 마주했다. 예전에는 그랬다. 그러나 지금은 많이 편리해졌다. 중앙고속도로와 영주에서 울진까지 가는 36번 국도가 새롭게 열리면서 서울에서 서둘러 가면 반나절이면 갈 수 있다. 그래도 마음의 거리는 여전히 멀다. 과연 낙동정맥 깊은 곳에 자리한 금강송은 이 먼 길을 달려온 여행자의 수고를 씻어줄까?

　소나무라고 다 같은 소나무가 아니다. 태어나고 자란 곳에 따라 모양과 때깔이 다르다. 종자에 따라 뻗어나간 기상도 다르다. 백두대간과 낙동정맥을 따라 자라는 토종 소나무를 금강송이라 부른다. 국내 소나무 가운데 이 금강송과 견줄 만한 소나무는 없다. 제 아무리 아름다움을 뽐내는 소나

결 곧은 소나무는 기품이 넘친다. 특히, 울진 금강소나무숲에서 만나는 아름드리 소나무는 나무 이전에 숭고한 자연을 느끼게 해준다.

울진, 금강소나무숲길

수직으로 곧장 뻗어 올라간 금강소나무가 만든 숲의 바다. 바라만 봐도 가슴이 탁 트인다. 이런 숲을 거닐다 보면 마음속이 환해지면서 저절로 힐링이 된다.

무라 하더라도 금강송과는 비교조차 할 수 없다. 금강송 싱싱한 놈은 껍질도 붉고, 거죽을 벗겨낸 몸통도 붉다. 그래서 황장목(黃腸木)이라고도 불렀다. 이 소나무는 굽을 줄을 모른다. 오로지 하늘을 향해서만 쭉쭉 뻗어 올라간다. 배롱나무처럼 실실 허리를 꼬며 자라는 경주 삼릉의 솔숲과는 견줄 수 없는 품격이 있다. 금강송과 마주하는 순간 자연에 대한 존경과 경이로움이 몰려온다. 누구도 넘볼 수 없는 절대지존의 포스가 느껴진다. 오죽하면, 조선의 황실에서는 이곳 금강송 군락지를 함부로 벌채할 수 없는 봉산(封山)으로 지정하고, 궁궐을 짓거나 나라의 큰 일이 있을 때만 베어다 썼을까.

경북 울진군 금강송면(본래 서면이었으나 금강송면으로 바꿨다) 소광리는 금강송 군락지 가운데 최고로 꼽는 곳이다. 낙동정맥 깊숙한 품에 자리한 이곳은 늘씬하게 하늘로만 치솟은 금강송이 숲을 빼곡하게 메우고 있다. 훤칠하게 치솟은 금강송 자태도 자랑거리이지만 이처럼 규모 있는 솔숲을 찾아보기도 어렵다. 울진 금강소나무숲의 면적은 2,247ha. 이곳에는 수령 500년이 넘은 보호수 두 그루와 350년 된 미인송, 수령 200년 이상 노송 8만 그루 등 총 1,284만 그루의 금강송이 자생하고 있다. 이곳이 워낙 외진 곳에 있어 일본 강점기의 무분별한 벌목과 한국전쟁의 참화 속에서도 용케 숲을 지켜낼 수 있었다. 울진 금강소나무숲은 1959년부터 숲을 보호하기 위해 민간인의 출입을 금했다. 이 숲이 다시 모습을 드러낸 것은 2006년. 산림청이 '금강소나무 생태경영림 에코투어'란 이름으로 일반에 개방했다. 이로써 과거 조선 왕실부터 봉산으로 지정돼 신비에 싸여 있던 이 숲이 우리 앞에 모습을 드러낸 것이다.

울진 금강소나무숲을 둘러보는 길은 여럿 있다. 금강소나무숲이 있는 곳이 울진과 봉화를 잇는 옛길이라 과거에는 보부상이 봇짐을 지고 오갔다. 그 옛길을 따라가는 길이 일곱 갈래나 된다. 그러나 대부분의 여행자는 금강소나무숲의 핵심을 볼 수 있는 3구간 가족탐방길(5.3km)을 돌아본다. 이 코스를 돌아보는 데는 2시간이면 충분하다.

금강소나무 생태관리센터에 도착하면 솔향기가 가득하다. 주차장을 감싼 숲이 모두 금강송으로 빼곡하다. 사람들은 하늘로 쭉쭉 뻗어 올라간 소나무를 보면서 감탄사를 연발한다. 그러나 이것은 시작이다. 이곳에 심어진 금강송은 후계림으로 조성된 것. 고작해야 연차가 40~50년밖에 되지 않는다. 100년 이상 묵은 진짜 금강송들은 산책로를 따라 들어가야 만날 수 있다. 산책로는 임도를 따라 조성됐다. 부드러운 흙길이라 걷기 좋다. 물론, 길 좌우로 금강송이 사열하듯 서 있는 것은 말할 것도 없다. 길은 가볍게 굴곡지면서 계곡을 향해간다. 100년 전에 낙동정맥 고개를 넘는 길이 그랬을 것처럼 푸근한 인상이다. 그 길을 따라 600m쯤 가면 길 한편에 우람한 덩치의 금강송과 마주하게 된다. 첫눈에도 범상치 않은 기운이 느껴진다. 젊고 패기 넘치는 여느 금강송과 달리 만고풍상을 다 겪은 눈치다. 이 나무가 오백년 소나무(할아버지송)이다. 할아버지송의 나이는 무려 530살. 조선 9대 임금 성종 때 태어났다. 할아버지송은 여느 금강송과 달리 몸통에서 뻗어나간 가지가 두껍다. 굵기만 두꺼운 게 아니다. 물길을 거슬러 오르는 용 모양

1	2
	3

1 작은 능선을 따라 나 있는 산책로. 몇 아름씩 되는 금강송이 우뚝우뚝 솟아 있다. **2** 임도에서 벗어나 금강송 사이로 난 산책로의 출발지. 계곡에 놓인 다리를 건너 능선을 따라 오르면 솔향기 가득한 금강송 세상이 펼쳐진다. **3** 전망대에 놓인 의자. 한때는 여느 금강송처럼 늠름한 자태를 뽐냈을 금강송들이 이제 탐방객이 다리쉼을 하는 의자가 됐다.

: 울진, 금강소나무숲길

으로 가지가 심하게 뒤틀렸다. 몸통을 감싼 딱지는 거북의 등짝처럼 두껍고 단단하다. 할아버지송 곁에 금강송과 일반 소나무의 속살을 비교 체험할 수 있는 금강소나무 전시실이 있다.

할아버지송을 지나면 길이 아주 조금 가팔라진다. 임도 좌우에 도열한 금강송의 호위는 여전하다. 왼쪽은 후계림 조성 구역이다. 가파른 산비탈에 금강송이 드문드문 서 있다. 그 빈자리에는 갓 식재된 어린 금강송이 자라고 있다. 어린 금강송은 100년이 지나면 여느 금강송처럼 우람한 청년이 될 것이다. 할아버지송에서 400m쯤 가면 다리를 건넌다. 이 다리를 건너면서 탐방로는 왼쪽 계곡으로 든다. 이제부터는 능선을 타고 가며 금강송을 감상한다. 산책로는 임도를 따라 걷는 것과는 느낌이 분명히 다르다. 아주 깊은 솔숲에 든 것처럼 금강송 사이사이를 빠져 다닌다. 길의 기울기도 가팔라진다. 임도를 따라 편히 오던 것과 달리, 가파른 계단에 가쁜 숨을 토하게 된다. 그러나 금강송에서 뿜어져 나오는 청신한 기운이 몸속 깊이 파고들어 생각만큼 힘들다는 느낌은 들지 않는다.

능선을 따라 가파르게 이어진 길은 전망대에 닿는다. 임도 갈림길에서 10분 거리다. 2시간 탐방 코스 가운데 가장 높은 곳이자 주변의 금강송을 조망하는 포인트다. 360도를 돌아봐도 금강송의 바다다. 젊고 싱싱한, 붉은 빛이 선명한 나무들이 파노라마로 펼쳐졌다. 이마에 흐르는 굵은 땀을 훔치면서도 연신 감탄사가 터져 나온다. 전망대에는 금강송을 잘라 만든 쉼터가 있다. 전망대에서 두어 걸음 더 가면 다시 임도와 만난다. 이곳에서는 오른쪽으로 돌아 내려간다. 왼쪽으로 가면 끝도 없이 임도를 따라가게 된다. 임도를 따라서 200m 내려오면 길은 다시 계곡으로 내려선다. 이정표도 있다. 편한 길을 걷고 싶다면 계속 임도를 따라가도 된다.

계곡을 따라서도 여전히 금강송 군락지다. 그중에 하나, 아주 우람한 덩치의 금강송이 길을 막아선다. 미인송이다. '여러분이 오시기를 기다렸습니다. 저를 안고 기념촬영 하세요'라는 안내판이 서 있는 이 나무의 높이는 무려 35m! 아파트 10층 높이다. 가슴둘레의 지름은 120cm. 어른 둘이 껴안아도 쉽지 않을 만큼 두껍다. '포토 스팟'을 지나면 작은 계곡을 가로질러 다시 임도 위로 올라선다. 임도를 따라 조금만 내려오면 처음 금강송 숲으로 들던 갈림길이다. 올라오던 길도 그랬지만 돌아가는 길도 발걸음이 편안하다. 여전히 임도 좌우의 숲에는 학처럼 고고한 자태의 금강송이 긴 목을 빼고 작별 인사를 건넨다.

> info.

위치 경북 울진군 금강송면 소광2리 536번지 **코스&소요시간** 주차장~할아버지송~전망대~주차장 왕복 2시간 **난이도** ★☆☆☆☆ **준비물** 물 **추천 계절** 여름~가을 **문의** 금강소나무숲길 안내센터(054-781-7118, www.uljintrail.or.kr)

❊ 길라잡이

금강소나무 군락지는 사전예약을 통해서만 탐방이 가능하다. 탐방기간은 5월 1일부터 11월 30일까지다. 탐방인원은 7개 각 코스별로 20~80명으로 제한되며, 인터넷과 전화예약을 통해 선착순으로 마감한다. 7구간 가족탐방길은 특별히 어렵지 않다. 다만 전망대로 올라서는 곳만 조금 가파를 뿐이다. 임도는 그늘이 적다. 임도만 따라서 산책을 하면 노약자도 어렵지 않게 갔다 올 수 있다. 울진 금강소나무 숲길 입구에는 금강송 에코리움(054-783-8904)이 있다. 이곳은 금강송에 관해 자세히 알 수 있는 테마 전시관과 숙박을 하면서 다양한 체험을 할 수 있는 치유센터가 있다. 이곳에서 운영하는 프로그램을 이용하면 금강송 탐방과 함께 금강송에 대해 제대로 배울 수 있다.

❊ 가는 길

중앙고속도로 풍기IC로 나와 영주 시내를 거쳐 간다. 영주~봉화~울진으로 이어진 36번 국도 개량화 사업이 2020년 4월 전면 개통됐다. 영주에서 금강송면까지는 4차선, 금강송면에서 울진까지는 2차선 도로다. 금강송면 교차로에서 금강소나무 숲길 안내센터 주차장까지는 917번 지방도를 따라 13.5km, 약 30분쯤 가야 한다.

❊ 맛집

금강소나무 숲길 주변에 식당이 없다. 따라서 도시락이나 간식, 마실 물 등을 지참하는 게 좋다. 금강송 면소재지에 식당이 여럿 있다. 불영사 입구에 있는 불영사식당(054-782-1130)은 산채비빔밥(8,000원)과 도토리묵(8,000원)을 잘한다. 도토리묵은 이곳에서 수확한 도토리로 만들어 찰기가 넘치고, 쌉쌀한 맛이 별미다.

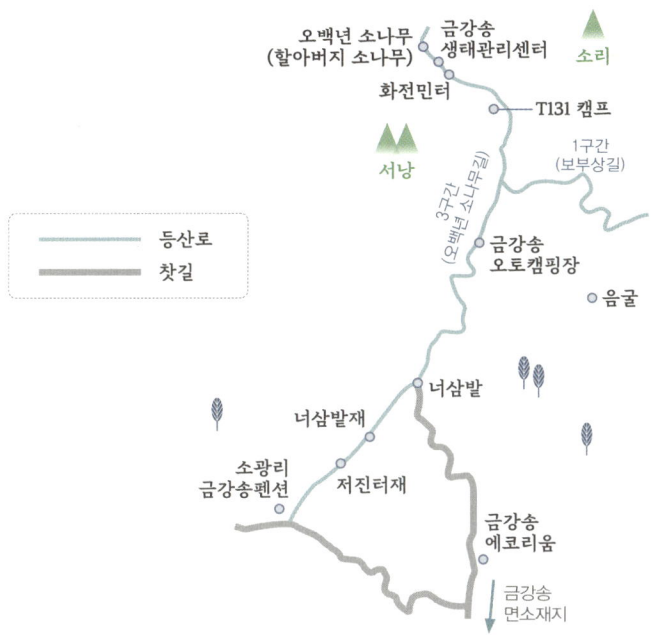

✻ 숙박

울진 금강소나무 숲길 입구에 있는 금강송 에코리움은 숙박도 할 수 있다. 이곳은 숙소가 원목으로 만들어져 숲의 향기를 느낄 수 있다. 찜질방도 운영한다. 이용자에 한해 경북 영주에서 셔틀버스도 이용할 수 있다. 다만, 취사는 할 수 없고, 주변에 매점도 없다. 금강소나무 숲길 안내센터 조금 못 미처 'T131' 오토캠핑장이 있다. 이곳보다 조금 더 아래에도 금강송오토캠핑장(054-781-7797·사진)이 있다. 통고산자연휴양림(054-783-3167)의 산막과 캠핑장을 이용하는 것도 방법이다.

✻ 볼거리

금강소나무 숲길 가기 전에 있는 불영사는 부처의 그림자가 비친 절이라는 뜻의 고찰이다. 삼국 시대 의상대가 창건했다고 전하며 품은 전설도 많다. 천축산 아래에 자리한 이 절은 언제가도 호젓한 풍경이 좋다. 불영사에서 울진으로 가는 불영계곡(사진)은 계곡 드라이브의 백미다. 금강소나무 숲길을 돌아본 뒤 36번 국도 옛길을 따라 불영사와 불영계곡을 거쳐 울진으로 가는 여정도 괜찮다.

문경,
문경새재

맨발로 걸어 넘는
아리랑 고개

✽ 1관문~2관문~3관문~조령산자연휴양림

　이 길만 떠올리면 흐뭇해진다. 이 땅의 길이란 길이 죄다 산허리를 베거나 아니면 굴을 파서 지날 때도 이곳은 옛 모습 그대로 남았다. 백두대간을 넘는 고운 흙길이 이십 리나 펼쳐졌다. 이 길은 맨발로 걸어야 맛이 난다. 이 고개를 넘나들던 옛사람들의 땀방울과 고단한 삶의 흔적을 더듬어가며 넘어야 신명이 난다. 걷다가 흥에 겨우면 한 소절 노래를 뽑아야 직성이 풀린다. 이 길을 문경새재라 부른다.

　문경새재는 경북 문경과 충북 충주를 잇는 백두대간 옛 고개다. 그냥 옛 고개가 아니다. 영남대로의 첫 관문이다. 한양에서 영남으로 부임하는 관리들은 이 고개를 넘어야 비로소 영남땅에 들었다. 또 영남에서 청운의 큰 뜻을 품고 과거길에 오른 선비들도 문경새재를 넘어야 한양으로 갈 수 있었다. 곁에 하늘재가 있지만 그것은 서민들의 길이다. 장사치들이 관군의 검문

'이 문을 지나면 또 어떤 풍경이 펼쳐질까.'
2관문 앞에 선 여행자가 호기심 가득한 표정으로 문을 통해 쳐다보고 있다.

을 피해 숨어 넘던 길이다. 큰 길은 오직 문경새재뿐이었다.

　문경새재는 '문경'과 '새재'가 합쳐진 말이다. 문경은 고을 이름에서 따왔다. '문경'은 경사스러운 소식을 처음 듣는다는 뜻이다. 백두대간 넘어 영남 첫 고을이기에 이런 이름을 얻었다. 새재는 설이 분분하다. 새도 넘기 힘들다고 해서 새재라 불렀다는 주장이 있다. 조령(鳥嶺)이란 이름은 여기서 비롯됐다. 억새가 많아서 새재가 됐다는 이야기도 있다. 문경에서 제 1관문을 지나기 전에 있는 마을 이름이 상초리(上草里)인데, 이 마을 이름에 등장하는 풀이 억새라는 주장이다. 그러나 새가 넘기 힘들 정도로 험해서거나 억새가 많아서 그런 이름이 붙었다는 주장은 이제 더 이상 중요치 않다. 그저 문경새재라 불러야 제대로 된 이름이다. 그래야 영남으로 가는 첫 관문으로서 이름이 산다.

　문경새재에는 모두 3개의 관문이 있다. 이 관문들은 모두 남쪽에서 쳐들어오는 적을 방어하기 위해 만들어졌다. 여기서 문경새재의 역사성이 드러난다. 조선 초기까지만 해도 이웃한 하늘재가 사랑을 받았다. 그러나 임진왜란을 겪으면서 조정의 생각이 바뀌었다. 조선의 조정은 남쪽에서 쳐들어오는 왜적을 방어하기 위해서는 문경새재가 가장 좋은 위치라고 판단했다. 그도 그럴 것이 문경새재는 조령산과 주흘산이란 험준한 산 사이로 나 있다. 비록 고개를 넘는 길이 순탄하기는 하지만 두 산에 진지를 구축하면 적은 독 안에 든 쥐 꼴이 된다. 특히, 이곳을 버리고 충주 달천강에 배수진을 쳤다가 전멸당한 신립 장군의 전철을 뒤밟지 않기 위해 이곳에 3개의 관문을 세

2관문에서 3관문으로 가는 길에 단풍이 곱게 물들었다. 단풍 속으로 굽은 길은 수백 년 동안 사람들의 발길을 받아내 단단하게 다져졌다.

위 왜적을 방비했다. 이때부터 문경새재는 영남대로의 관문으로서 진가를 발휘한다.

문경새재를 걷기 전에 들를 곳이 있다. 옛길박물관이다. 옛날 여행을 떠나는 사람의 괴나리봇짐에는 무엇이 담겨 있을까? 또 지금처럼 아스팔트나 콘크리트로 말끔하게 포장된 도로가 아닌, 고개를 넘고, 강을 건너가는 옛날의 길은 어떠했을까? 과거를 나선 이들은 어떻게 길 위에서 숙식을 해결하며 한양까지 갔을까? 옛길박물관에 들르면 이런 궁금증이 풀린다.

옛길박물관은 과거 길 위에서 펼쳐졌던 다양한 문화와 생활상이 전시됐다. 이를테면 엽전, 벼루와 붓, 먹물 통, 나침반, 고지도, 표주박, 호패 등 옛 사람들이 여행을 떠날 때 괴나리봇짐에 넣어가지고 다니던 유물을 볼 수가 있다. 이것들은 우리가 생각하는 것보다 훨씬 작고 앙증맞다. 문경새재의 옛 모습을 재현한 코너도 있다. 이곳에는 과거에 사용됐던 시험지와 과거 합격자를 알리는 방, 과거길에 나선 선비들의 숙식 해결 방법 등 조선 시대 과거 풍속도를 한 눈에 알 수 있게 했다. 또 조선 시대 우리나라 길의 중추였던 영남대로를 재조명하고, 당시의 출장명령서와 역(驛) 관련 문서 등 희귀한 유물도 살펴볼 수 있게 했다.

문경새재로 드는 길은 제1관문 주흘관(主屹關)에서 시작된다. 3개의 관문 가운데 풍채가 단연 뛰어나다. 성곽의 윤곽도 분명할 뿐더러 덩치도 가장 크다. 1관문을 빠져나오면 부드러운 흙길이 시작된다. 이 길은 열 사람이 어깨를 걸고 걸어도 충분할 만큼 넓다. 길도 곱디고운 흙으로 덮여 있어 걷는 맛이 산다. 눈치가 빠른 이라면 진즉에 눈치를 챘겠지만 길은 고개로 올라간다는 느낌이 들지 않을 정도로 부드럽다. 또 큰 길 걷는 게 부담스러운 이들을 위해 숲속 오솔길을 따로 마련해 놨다. 이 길은 큰 길과 만나기를 반복하면서 3관문까지 이어진다.

1관문을 지나면 계곡 건너에 문경새재 오픈 세트장이 있다. 예전부터 이름난 사극은 대부분 이곳에서 찍었다. 촬영장을 지나면 관리들이 묵어가던 원터다. 묵직한 바위로 쌓은 사각형의 돌담이 있다. 원터를 지나면 길 왼편에 소담한 주막이 반긴다. 초가로 이엉을 얹은 흙집이다. 기름을 먹여 반질반질 윤이 나는 툇마루도 정겹다. 문경새재를 넘는 과객들이 주막에서 머물다 가는 광경이 그림처럼 펼쳐진다. 부엌에서는 주모가 김이 설설 나는 국밥 사발을 들고 새살거리며 튀어나오고, 봉놋방에는 동이로 술을 비운 장돌뱅이가 천장이 무너지도록 코를 골았을 것이다. 과거에 낙방한 유생은 고향으로 향하는 발길이 무거워 평상에 앉아 시름겨워 했을 테고. 주막 곁에는 그런 시절을 아는지 모르는지 참 맑은 물살이 돌돌 흥얼거리며 흘러간다.

주막에서 2관문으로 향하다 보면 정겨운 비석이 하나 반긴다. '산불됴심비'다. 조선 정조 때 산불에 대한 경각심을 일깨우기 위해 만들어 놓았다는 이 비석에 적힌 글씨가 한글 변천사를 느끼게 해준다. 또 그 시절에도 산불의 무서움을 알고 있었다는, 시간을 초월한 문화적 공감대를 형성케 해준다.

3관문을 향한 오름길에서 눈여겨봐야 할 것들이 있다. 요처마다 서 있

1 새재를 오가는 길에 세워 놓은 시비. **2** 조선 영조 때 산불에 대한 경각심을 일깨우기 위해 세웠다는 산불됴심비. **3** 문경 새재를 넘나들던 사람들이 묵어가던 주막. **4** 문경 새재를 넘는 길목마다 여행자들이 하나씩 돌을 주어다 쌓은 돌탑. 이렇게 만들어진 돌탑들이 또 세월이 가면 역사가 된다.

: 문경, 문경새재

209

는 선인들의 시다. 대부분 문경새재를 넘으면서 갖는 회한이나 이곳의 자연을 읊은 시들이다. 개중에는 이별의 아픔을 노래한 것도 있고, 고생스런 과거길을 토로하는 내용도 있다. 고개 하나에 이처럼 많은 이야기와 전설, 시가 전해 내려오는 것은 문경새재가 유일하다.

    험한 길 벗어나니 해가 이우는데
    산자락 주점은 길조차 가물가물
    산새는 바람 피해 숲으로 찾아들고
    아이는 눈 밟으며 나무 지고 돌아간다
    야윈 말은 구유에서 마른 풀 씹고
    피곤한 몸종은 차가운 옷 다린다
    잠 못 드는 긴 밤 적막도 깊은데
    싸늘한 달빛만 사립짝에 얼비치네

    - 율곡 이이의 〈새재에서 묵다〉 전문 -

길은 점점 숲 그늘에 묻힌다. 그 서늘한 기운을 느끼며 걷다 보면 2관문 조곡관(鳥谷關)이 성큼 나선다. 성문 앞으로는 계곡물이 쏜살같이 흐른다.

뒤로는 울창한 솔숲이다. 성의 왼편에는 깎아지른 바위가 솟았다. 적을 방어하기 위한 요처가 분명하다. 허나 난세가 없었더라면 예쁜 정자 하나 세워놓고 풍경에 취했을 그런 곳이다.

2관문을 지나면 늘씬한 소나무들이 숲을 이루고 있다. 왼편에 약수도 돌돌 흘러나온다. 솔숲을 끼고 휘어져 도는 길에는 길손이 쌓은 크고 작은 돌탑이 서 있다. 예전에는 이런 돌탑 없었다. 그러나 지금은 그냥 지나치면 서운할 정도로 많다. 세월이 조금 더 흐르면 이 돌탑이 또 하나의 명물이 될 것이다. 문경새재에 스민 수많은 사연들이 그러했듯이.

2관문을 지나면서 길은 조금 가팔라진다. 그렇다고 숨소리까지 거칠어질 정도는 아니다. 오히려 활엽수림이 더 깊어지면서 폐부로 스미는 공기는 한결 더 상쾌하다. 그렇게 30분쯤 다리품을 팔면 길이 두 갈래로 나뉜다. 이곳부터는 큰길에서 가지 쳐 계곡을 따라가는 옛길을 따른다. 이 길의 이름은 '장원급제길'이다. 장원급제길을 따라 300m 가면 책바위에 닿는다. 돌로 쌓은 원형의 기단 가운데 방긋 웃고 있는 동자석이 서 있다. 책바위에는 재미난 전설이 있다.

옛날 근동에 부자가 있었는데 늦둥이 아들을 보게 됐다. 그런데 이 아들이 태어날 때부터 시름시름 앓으며 병치레를 했다. 이에 부자가 유명한 도사에게 묻자 집의 돌담을 헐어 새재 길에 있는 책바위에 쌓고 지극정성으로 기도하면 좋아질 것이라고 했다. 이 말을 듣고 가족이 3년 동안 돌담을 허물어 열심히 책바위에 쌓았다. 그러자 아들은 돌을 져 나르면서 저절로 건강을 되찾았다. 그리고 과거에 나가 장원급제도 하게 됐다. 이 전설이 알려지면서 영남의 유생들이 문경새재를 넘을 때는 꼭 이곳에 들러 장원급제를 빌었다고 한다. 전설은 전설로만 그치지 않는다. 요즘도 수능시험일이 다가오면 학부모들이 매일같이 책바위를 찾아 치성을 드린다고 한다.

어디 이 전설뿐이랴. 문경새재에는 수많은 전설이 전해 내려온다. 꿈속에 나타난 여인을 따라 문경새재를 버리고 충주 달천강에 배수진을 친 신립장군, 병자호란 때 화친을 주장했던 최명길과 원한의 처녀귀신 등 숱한 전설이 전해 내려온다. 이런 전설이 힘들여 고개를 넘는 이들에게 웃음을 선사하고 힘을 북돋아 주었음은 물론이다.

책바위를 지나면 마지막 오름길이다. 제아무리 부드러운 길이라지만 그래도 백두대간을 넘는 길이다. 3관문으로 오르는 마지막 지점은 조금 가파르다. 그러나 길지 않다. 호흡이 가쁠 때쯤 하늘이 열리면서 3관문인 조령관이 당당한 자태로 맞아준다. 3관문에 서면 우선 약수로 목을 축인다. 한국의 100대 명수로 선정될 만큼 이름난 약수다. 사실 물맛보다 고갯마루에 약수가 난다는 것이 더 특이하다. 약수 뒤로는 산신각이 있다. 3관문에 올라 남쪽을 굽어보면 지나온 길은 숲에 묻혔다. 오로지 주흘산에서 가지 쳐 나간 부봉의 험준한 자태만이 보인다. 북쪽으로는 짙은 숲 그늘에 묻혀 시야가 트이지 않는다.

이제 백두대간을 넘을 차례다. 영남 땅을 벗어나 한강 수계로 드는 셈이다. 예전에 문경새재를 넘으면 한양까지 사흘이 걸렸다고 한다. 충주에서 한양까지는 한강을 따라 뱃길을 이용했기 때문에 빨리 갈 수 있었다. 그러니 문경새재만 넘으면 한양이 멀지 않은 셈이다.

문경새재를 넘어 괴산 땅으로 들면 여전히 숲이 깊다. 문경 쪽은 계곡이 고개에 가까워질수록 넓어지는 데 반해 이곳은 계곡의 폭이 좁다. 또 활엽수보다 소나무가 많다. 고개를 넘었으니 발길은 한결 여유가 있다. 이 길은 문경에서 올라오는 것처럼 길지 않다. 조령산자연휴양림까지는 불과 1km. 채 20분이 안 걸린다. 그곳을 지나서 주차장까지도 20분이면 충분하다. 이쯤 되면 흥이 절로 난다. '문경새재는 웬 고개인가'로 시작하는 진도아리랑 한 소절을 불러보지 않을 수 없다. 그 흥얼거림과 함께 영남대로의 첫 관문을 넘은 것이다. 세월의 긴 강을 건너 과거로의 시간 여행을 다녀온 것이다.

> info.

위치 경북 문경시 문경읍 상초리 517-2 **교통** 버스, 자가운전 **코스&소요시간** 1관문~주막~2관문~책바위~3관문~조령산자연휴양림~연풍 주차장 편도 3시간 **난이도** ★★★☆☆ **추천계절** 봄~겨울 **준비물** 도시락, 물, 간식 **문의** 문경새재도립공원(054-571-0709)

✻ 길라잡이

문경새재를 넘는 길은 주차장~3관문 6.4km, 3관문~연풍 주차장 1.4km로 총 8km다. 3시간이면 넉넉하다. 그러나 3관문으로 오르는 길에 볼 게 많아 서두를 필요가 없다. 점심 먹는 시간까지 합쳐 4시간은 잡는 게 좋다. 문경과 괴산, 어느 쪽을 들머리로 잡는가에 따라 일장일단이 있다. 제대로 걸으려면 문경 쪽에서 하는 게 좋다. 올라가면서 이것저것 볼 것이 많다. 반대로 연풍에서 넘어오면 걷기가 쉽다. 또 돌아가는 차편도 편리하다. 문경에서 3관문으로 오르는 길 주변에 휴게소가 여럿 있어 동동주로 갈증을 달랠 수도 있다. 고개를 넘어가면 문경으로 돌아오기가 쉽지 않다. 가급적 대중교통을 이용하는 게 편리하다.

※ **가는 길**

문경새재는 교통이 애매하다. 자가운전으로 가면 고개를 넘은 뒤 다시 차를 가지러 가려면 택시를 이용해야 한다. 대중교통도 쉽지는 않다. 서울 동서울터미널에서 문경읍까지는 고속버스가 1시간 간격으로 운행된다. 문경읍에서 문경새재 입구로 가는 시내버스도 수시로 있다. 하지만 문경새재를 넘어 충북 괴산으로 가면 교통편이 어렵다. 문경새재 입구(고사리)에서 수안보를 경유해 충주로 가는 시내버스를 이용할 수 있지만 시간이 많이 걸린다. 그보다는 연풍직행정류소로 가서 충주나 영남권으로 가는 직행버스를 이용하는 게 편리하다. 자가운전으로 갈 경우 중부내륙고속도로 문경새재IC로 나와 3번 국도 연풍 방면으로 가다 문경새재 이정표를 보고 진입하면 된다.

※ **맛집**

문경새재 입구에 있는 소문난식당(054-572-2255)은 묵조밥(사진)을 잘한다. 묵조밥은 옛날 문경에서 흔히 먹던 음식이었다. 참나무가 많아 도토리가 지천이고, 밭이 많은 산골이라 조를 구하기가 쉬웠다. 묵조밥은 조밥에 도토리묵을 숭덩숭덩 썰어 넣어 산채와 들기름을 곁들여 비벼먹는다. 이 집의 묵조밥은 산채 대부분을 발효된 것만 쓴다. 새재묵조밥 6,000원, 묵조밥정식 8,000원.

※ **숙박**

문경읍과 문경새재 입구에 깨끗한 숙박시설이 여럿 있다. 문경관광호텔(054-571-8001), 라마다문경새재호텔(054-504-7077), 연풍에서는 조령산자연휴양림(043-833-7994)에서 머무는 게 좋다.

※ **볼거리**

괴산 연풍 매표소에서 500m 걸어 내려오면 수옥폭포(사진)가 있다. 구슬 같은 물줄기가 흘러내린다는 폭포다. 과거에는 맑은 계곡물이 흘렀지만 지금은 위에 저수지를 만들고 수량을 조절한다. 수옥폭포의 높이는 20m. 폭포 물살은 상단부에서 흐름이 끊겼다가 이내 수직으로 쏟아져 내린다. 마지막에 바위벽에 부딪히면서 커다란 물보라를 일으킨다. 주차장과 100m 거리에 이처럼 규모 있는 폭포가 있는 것도 흔치 않다.

문경,
하늘재

망국의 한 안고
마의태자가 넘던 백두대간 첫 고개

❋ 문막~하늘재~미륵대원지

　서기 935년 11월. 서라벌을 떠난 마의태자는 보름 만에 하늘재에 섰다. 다시는 돌아보지 않겠다던 다짐도 잊은 채 마의태자의 눈길은 남쪽에 꽂혀 있다. 그의 눈에 이슬이 맺혔다. 이제 하늘재를 넘으면 신라와 영영 이별이다. 그 서러움이 복받쳐 굵은 눈물로 흐른다. 마의태자는 그렇게 슬픔에 젖어 북풍한설이 몰아치는 밤에 하늘재를 넘었다.

　고려를 개국한 태조 왕건에게 나라를 빼앗기고 금강산으로 떠난 마의태자의 여정을 상상해 봤다. 마의태자는 경북 문경에서 하늘재를 넘어 설악산을 거쳐 금강산으로 갔다. 그가 하늘재를 넘었던 것에서 알 수 있듯이 이 고개는 우리 역사에서 아주 중요한 위치를 점한다. 하늘재는 백두대간을 넘는 최초의 고개였다. 《삼국사기》에는 '아달라이사금 3년(156년) 4월에 계립령을 열었다'고 적혀 있다. 계립령이 지금의 하늘재다. 이는 경북 영주와 충

북쪽을 바라보며 서 있는 미륵대원지 석불. 이 석불은 나라를 잃고 쫓겨 가는 신라 마의태자와 덕주공주의 슬픈 전설을 간직했다.

백두대간을 넘는 최초의 고개 하늘재는 부드럽다. 충주나 문경, 어디서 출발하더라도 오르는 지도 모르게 고갯마루에 서게 된다.

북 단양을 잇는 죽령과 비교해 2년 이상 빠르다. 이렇게 열린 백두대간 최초의 고개 하늘재는 항상 전운이 끊이지 않는 신라와 고구려의 접경지였다. 지금도 문경 방면 하늘재에는 '문을 막던 마을'이란 뜻의 문막마을이 있다.

하늘재는 또 신라와 고구려의 문화가 소통하는 통로이기도 했다. 하늘재를 중심으로 절터와 석불 등 문화유적이 숱하게 발견되는 것이 그 증거다. 충북 땅으로 사자빈사지, 월광사지, 덕주사지, 미륵대원지가 있다. 고개 너머 경상도 땅으로도 많은 절이 있었지만 조선 시대 왜적의 침입에 모두 불타고 관음사지 외에는 사명(寺名)도 전해지지 않는다. 다만 고개로 오르는 길 주변에 석불과 탑들이 널려 있어 한때의 영화를 말해 준다. 고려 시대까지 영화를 누리던 하늘재는 임진왜란과 정유재란을 겪고 난 뒤 역사의 전면에서 사라진다. 조선의 조정은 남에서 쳐들어오는 적을 방어하기 좋은 문경새재를 최우선으로 관리했다. 이웃한 하늘재는 거들떠보지 않았다. 대신 하늘재는 민초들의 환영을 받는다. 문경새재가 양반이나 관리들이 오갔다면 하늘재는 관하의 등쌀에 쌈짓돈조차 건네줄 수 없는 가난한 옹기장이나 방물, 봇짐장수들이 다녔다.

하늘재로 가는 길은 절반은 포장이 되고, 절반은 옛길 그대로 남아 있다. 고개를 오른다고 느껴지지 않을 정도로 길이 부드러운 문경 쪽은 고갯마루까지 마을이 들어서 진즉에 포장이 됐다. 그러나 하늘재 정상에서 충주 미륵대원지까지는 솔숲 사이로 운치 있는 길이 이어진다.

하늘재 걷기는 어느 쪽에서 시작해도 상관은 없다. 편도 30분 거리라

| 1 |
| 2 |

1 미소가 아름다운 관음리 석조반가사유상. 보고 있으면 절로 행복의 미소를 띠게 된다. 2 가마 속으로 들어갈 준비를 하는 막사발. 관음리 일대는 조선 시대부터 유명한 도자기 마을이었다.

되돌아가는 것도 부담스럽지 않다. 다만, 마의태자의 서러운 발길을 좇아보자면 경북 문경에서 시작하는 게 좋다. 문경을 들머리로 잡으면 하늘재로 향하는 길에 소소하게 둘러볼 만한 것도 많다. 관음리 중점마을에는 조선 시대 건립된 망뎅이사기요 가마가 있다. 이곳은 조선 시대 유명한 옹기마을이었다. 당시 옹기를 굽던 가마가 옛 모습 그대로 남아 있다. 또 관음리 포암마을 사과밭에는 '천상의 미소'를 간직한 관음리 석조반가사유상 석불이 있다. 이 석불을 안 보고 가면 서운하다.

관음리에서 백두대간 포암산에 안긴 아늑한 마을과 유적을 찾아보며 차를 몰면 금방 하늘재다. 이곳에 차를 세우고 옛길을 걷는다. 하늘재에서 미륵리까지는 예전에 자동차로도 오갈 만큼 큰 길이 나 있었다. 그러나 이 구간이 월악산 국립공원에 포함되면서 오롯이 걸어서 갈 수 있는 길로 됐다. 옛길이 그대로 보전될 수 있었다는 것은 다행스런 일이 아닐 수 없다.

하늘재에서 미륵리로 내려가는 옛길은 솔숲 사이로 나 있다. 경주 삼릉이나 봉화 춘양목처럼 헌걸찬 소나무들은 아니다. 그저 두 아름 정도의 두께에 훌쩍 키만 큰 소나무들이 어울려 만든 숲길이다. 때로 박달나무나 단풍나무 등이 솔숲을 대신하기도 한다. 숲 그늘에 취해 걸음을 재촉하면 낭랑한 독경소리가 들린다. 미륵대원지가 지척임을 일러주는 소리다.

어쩌면 하늘재는 미륵대원지가 있어 한층 애틋하게 다가오는지도 모른다. 미륵대원지는 석굴암과 더불어 우리나라에서 유이한 석굴사원이다. 석굴암이 굴을 파서 지었다면 이곳은 자연석을 쌓아서 굴을 만들었다. 그러나 지금은 석굴의 지붕은 온데간데없고 키가 껑충한 석불 하나 서 있다. 이 미륵불은 우리나라에서 북쪽을 바라보고 선 유일한 석불이다. 북쪽을 바라보고 서 있는 이유는 무얼까?

　석불에는 마의태자와 덕주공주에 얽힌 전설이 있다. 마의태자 일행이 하늘재를 넘어오자 고려의 호족들이 그들을 막아선다. 이들이 신라 재건운동을 벌일지도 모른다는 두려움에 마의태자와 덕주공주를 갈라놓기로 한 것이다. 마의태자는 미륵사에, 덕주공주는 사십 리 밖 월악산 덕주사에 볼모로 잡아둔다. 그 슬픔을 한 시인이 시로 읊었다.

　월악산 미륵리와 덕주골에는/슬픈 이야기 있다…/그러나 남의 눈을 피해 등을 하나 두고 살아야 했으니 이 그리움이 얼마나 컸으랴/둘은 서로 그리움을 달래며 돌을 쪼았다/태자는 미륵리 미륵불을/공주는 덕주골 덕주사의 마애불을/미륵리 미륵불과 덕주사 마애불이 마주보고 서 있는 까닭은/둘이 서로 바라보며 그리움을 달래었기 때문이라 하는데/도처에 마의태자 이야기 많아도 여기만큼 슬프진 않아/천년 지난 지금에도 오누이는 바라보고 서 있는데….

　　　- 표성흠 시인의 〈월악산-슬픈 오누이 이야기〉 중에서 -

이 전설은 사실이 아닐 수도 있다. 학자들은 석불이 고려 시대에 제작된 것으로 추정한다. 유난히 큰 불두, 형식적으로 처리한 가사와 몸체가 고려 시대 양식이라는 것이다. 그러나 무슨 상관이랴. 이 석불은 마의태자 전설로 인해 다시금 빛을 발하고 있다. 이 전설이 있어 백두대간 첫 고개 하늘재의 의미가 오롯이 살아나고 있다.

미륵대원지는 전해지는 사적이나 유물로 봐서 거찰이었음이 분명하다. 석불은 높이가 10m에 이른다. 또 석불을 감싼 석굴도 경주 석굴암의 양식을 계승한 대단한 규모다. 보물로 지정된 석불 가운데 이렇게 규모가 크면서 완성미를 갖춘 것을 찾아볼 수 없다. 천박한 눈으로 봤을 때 국보로 지정된 많은 유물이 이보다 못한 것도 수두룩하다. 석불 앞으로 오층석탑과 석등 2기, 비신으로 쓰였던 돌거북이 남아 있다. 이 밖에도 용도를 알 수 없는 다양한 석재들이 널려 있다. 특히 돌거북은 국내 최대 규모로 눈길이 간다. 아쉬운 것은 미륵불 석굴암은 2014년부터 6년째 복원공사를 하고 있다. 더 아쉬운 것은 복원 공사가 언제 끝날지 알 수 없다는 것이다. 관람객은 미륵불을 가리고 있는 대형 사진을 통해 대리만족을 할 수밖에 없다.

미륵대원지와 함께 슬픈 전설의 주인공인 덕주사지 마애불은 월악산의 보물 송계계곡에 있다. 미륵대원지 미륵불이 바라보는 시선이 머무는 북쪽이다. 덕주사 마애불을 보려면 한참 다리품을 팔아야 한다. 덕주사에서 산길을 따라 30분을 오르면 깊은 계곡에 햇살을 가득 안고 있는 바위가 보인다. 어림잡아도 20m가 넘는 큰 바위다. 이 바위의 전면에 마애불이 새겨져 있다. 마애불(보물 406호)의 높이는 13m. 전북 고창 선운사 마애불과 함께 규모 면에서는 몇 손가락 안에 든다. 얼굴은 도드라지게 조각했고, 몸체는 선으로만 새겼다. 이것 역시 과장된 얼굴과 형식적으로 처리한 몸체로 미뤄 고려 초기에 제작된 것으로 추정된다. 정남향을 바라보는 마애불의 시선은 미륵대원지에 닿아 있다. 산자락이 몇 개 겹치고 포개어져 미륵대원지가 보이지는 않지만 방향은 분명하다. 오누이의 그리움은 천년 세월이 지나서도 끝나지 않고 있다.

    미륵대원지에서 하늘재로 돌아오는 길. 마의태자와 덕주공주의 애틋한 오누이정이 가슴을 파고 든다. 그 사연에 취해 느긋한 걸음을 옮기다 보면 왔는지도 모르게 하늘재 고갯마루에 서게 된다. 그리고 눈을 들어 남쪽 멀리 서라벌을 더듬어 보게 된다.

미륵대원지 석불의 시선이 머무는 북쪽 멀리 월악산이 보인다. 전설에 따르면 마의태자는 이곳 미륵대원지에, 덕주공주는 월악산 덕주사에 볼모로 잡혀 있었다고 한다.

info.

위치 경북 문경시 문경읍 관음리 산 92(하늘재), 충북 충주시 수안보면 미륵리 58(미륵대원지) **교통** 자가운전 **코스&소요시간** 하늘재~미륵대원지 왕복 1시간 30분 **난이도** ★☆☆☆☆ **추천 계절** 봄, 가을 **준비물** 물 **문의** 월악산국립공원(043-653-3250)

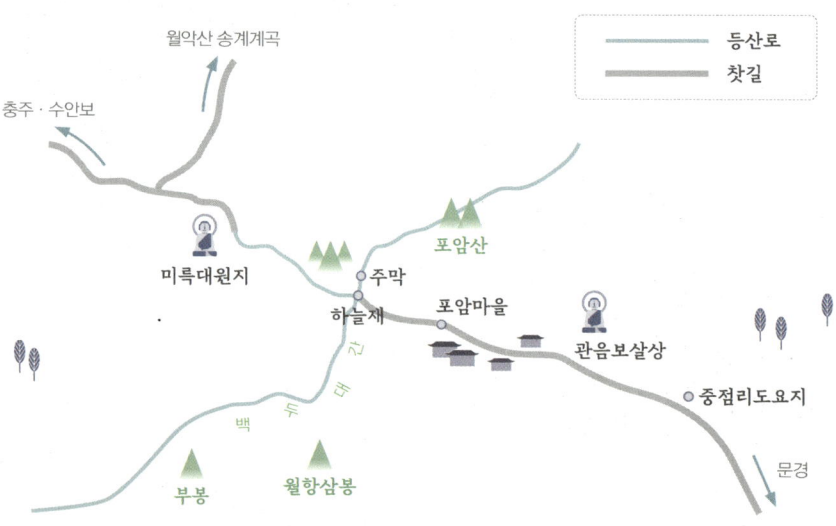

✽ **길라잡이**

하늘재는 어느 방향으로 찾아도 상관없다. 미륵대원지~하늘재 구간은 편도 30분 거리라 부담이 없다. 미륵대원지에서 오르는 길도 오르막이란 느낌이 거의 없다. 따라서 하늘재나 미륵대원지에 주차하고 트레킹에 나서면 된다. 미륵대원지에 주차하면 송계계곡으로 이어서 돌아보기 좋다. 또 수안보에서 온천욕도 할 수 있다. 하늘재 쪽은 문경의 전통가마와 석불을 찾아보는 재미가 있다. 하늘재 고갯마루에 있는 하늘재산장은 봄~가을 간단한 음식을 판다.

: 문경, 하늘재

✱ 가는 길
중부내륙고속도로 괴산IC로 나온다. 괴산IC에서 수안보를 경유해 미륵대원지까지는 597번 지방도를 따라간다. 돌아오는 길은 미륵대원지에서 송계계곡을 따라가다 덕주사 마애불을 본 후 충주나 제천에서 고속도로를 이용한다. 하늘재로 향할 경우 중부내륙고속도로 문경새재IC로 나와 3번 국도를 따라 문경읍으로 되돌아온 뒤 문경온천에서 우회전, 갈평 방면으로 간다.

✱ 맛집
미륵대원지 입구 수안보온천의 별미는 꿩 요리(사진)다. 회·생채·불고기·꼬치·만두·수제비가 코스 요리로 나온다. 꿩 가슴살로 만드는 회는 입안에서 살살 녹을 만큼 부드럽다. 회가 부담스럽다면 육수에 살짝 데쳐 먹어도 된다. 꿩고기는 저지방 고단백으로 다른 육류와 달리 섬유질이 가늘고 연하다. 또 지방이 적어 미용과 다이어트에 좋으며, 소화흡수가 잘된다. 꿩요리 전문점 대장군(043-846-1757) 코스 요리는 3만 원, 4만 원, 두 가지가 있다.

✱ 숙박
미륵대원지 입구와 하늘재 주변에는 숙박할 만한 곳이 없다. 미륵대원지 입구 수안보온천에는 한화리조트(043-846-8211)를 비롯한 호텔과 여관이 많다. 문경읍에도 다양한 숙박시설이 있다.

✱ 볼거리
수안보는 동양 최대의 라듐온천이다. 《고려사》에도 기록이 나올 만큼 유서 깊은 온천으로 국내에서 유일하게 시청에서 수질관리와 온천수 공급을 하고 있다. 이곳 온천수는 색과 맛, 향이 없으며 마실 수도 있다. 신경통과 피부질환, 위장병에 효과가 있는 것으로 알려졌다. 문경을 들머리로 잡으면 문경새재와 옛길박물관을 돌아볼 수 있다. 또 문경읍에 문경온천이 있다. 관음리에 있는 망댕이가마(사진)는 200여 년 전에 만들어진 가마로 문경 도자기의 깊은 역사를 알 수 있다.

봉화,
청량산

바위 병풍 속
푸른 절을 찾아

❋ 입석~어풍대~하늘다리~청량사~입석

    절은 왜 높은 곳에 있을까? 선학정에서 청량사를 오르다 보면 슬며시 부아가 치민다. 절로 가는 길이 보통 만만한 게 아니다. 장딴지에 팍팍하게 알이 밸 만큼 가파르다. 도대체 왜 이런 곳에 지은 것일까 하는 불만이 속에서 부글부글 끓는다. 그래도 절까지는 아직 멀다. 청량사에 닿으려면 누구라도 땀 한소끔은 흘려야 한다. 그러나 청량사에 닿는 순간 이 높은 벼랑에 절을 세운 이의 마음을 알게 된다. 아! 하고 절로 탄성이 터지고 만다. 절을 오를 때는 느낄 수 없지만, 청량사에 서고 나면 이 절이 최고의 명당에 터를 잡았다는 사실을 깨닫는다. 그리고 이게 예사로운 절이 아니구나, 이 산이 예사로운 산이 아니구나 하고 감탄하게 된다. 스스로를 청량산인이라 불렀던 퇴계 이황을 비롯한 수많은 시인 묵객들이 이 산을 찾아 절창의 시를 읊은 마음도 헤아려진다.

퇴계 이황이 혼자만 보고 싶어 했을 만큼 절경인 청량산의 품에 안겨 고고히 서 있는 청량사 오층석탑.
청량산에 오르면 세상 모든 게 발아래 펼쳐진다.

1	
2	3

1 어풍대에서 바라본 숨 막히게 아름다운 청량산의 산세. 바위 병풍을 두르고 청량사가 있다. **2** 금탑봉 중간에 제비둥지처럼 들어앉은 청량사 응진전. 신라 원효대사도 이곳에서 수도했다 한다. **3** 열두 봉우리가 사방을 감싼 청량산의 깊은 품.

청량사는 열두 폭 병풍을 펼쳐놓은 듯한 암봉을 배경 삼아 스스로가 풍경이 된 절이다. 청량사에서 응진전으로 가는 길에 돌아보면 그 느낌은 확연해진다. 세상에 이처럼 산과 절이 완벽하게 맞아 돌아간 곳은 없다. 해서 그 절을 찾아가는 마음이 한없이 도타운 것이다.

청량산 육육봉(六六峰)을 아는 이 나와 백구(白鷗)
백구야 훤사(喧辭)하랴 못 믿을 손 도화(桃花)로다
도화야 물 따라 가지 마라 어주자(魚舟子) 알까 하노라

(해설)
청량산 열두 봉우리를 아는 사람은 나와 흰 갈매기뿐이로다
갈매기가 떠들고 다니지 않겠지만 못 믿을 게 복숭아꽃이로구나
복숭아꽃은 물 따라 가지 마라 어부가 이 좋은 곳 알까 두렵다

- 퇴계 이황이 지은 〈청량산가〉 -

청량산(870m)은 주왕산, 월출산과 함께 3대 기악(奇岳)으로 불린다. 그만큼 산세가 빼어나고 독특한 모양의 암봉이 많다는 뜻이다. 산 중턱에 제비

둥지처럼 안긴 청량사를 가운데 두고 장인봉·선학봉·자란봉·향로봉·연화봉·연적봉·탁필봉·자소봉·금탑봉·경일봉이 휘둘러쳤다. 응진전 가는 길에 보면 진경산수화가 그려진 부채를 펼쳐 보인 것처럼 산세가 양각으로 도드라졌다. 이 같은 수려한 자태로 '작은 금강산'이라 불렸다. 또 조선 시대에는 수많은 시인 묵객이 찾아 금강산과 지리산에 버금갈 만큼 많은 시와 유람기를 낳기도 했다.

    산이 좋다는 것은 역사가 깊다는 것을 의미한다. 청량산의 산문을 연이는 우선 원효와 의상이 꼽힌다. 꽃잎의 꽃술 자리에 자리 잡은 청량사는 신라 문무왕 3년(663)에 원효대사가 창건했다고 전해진다. 창건 당시에는 33개의 부속 건물을 갖추었던 대찰로 봉우리마다 암자가 세워져 온 산이 스님들의 독경소리로 가득했다. 그러나 역사는 참 아이러니하다. 조선 시대 숭유억불 정책으로 불교를 배척하면서 청량사도 된서리를 맞았다. 청량산이 있는 봉화와 안동은 유림의 본산이다. 그들이 청량산 좋다는 소문을 듣고 발길을 자주 하면서, 이 산에서 풍월을 읊으면서 청량사는 오히려 피폐해져 갔다. 결국 그 많던 암자들은 자취를 감추고 청량사와 응진전만 살아남게 됐다.

    청량산은 조선 시대 유달리 선비들의 사랑을 받았다. 그들은 기행문과 시를 통해 하나같이 청량산의 빼어남을 찬양했다. 우리나라 최초의 서원인 소수서원을 창시한 풍기군수 주세붕이 청량산을 돌아본 뒤 쓴 《유청량산록(遊淸凉山錄)》 이후 청량산을 주제로 한 기행문이 백여 편, 시는 천여 수를 헤아린다. 청량산박물관은 선인들의 유람기를 한데 묶어《옛 선비들의 청량산 유람록1》을 발간했다. 이 책에는 퇴계 이황은 물론 송암 전호문, 구전 김중천, 오봉 신지제, 미수 허목, 청성 성대중, 성호 이익 등 당대를 대표하는 사상가와 선비들이 쓴 청량산 유람기가 수록되어 있다.

    선인의 눈에 비친 청량산은 어떤 모습이었을까? 당연히 찬탄일색이다. 주세붕은 '규모는 작으나 선경(仙境)의 명산'이라 했다. 퇴계 이황은 '청량산을 가보지 않고서는 선비 노릇을 할 수 없다'고 했다.《택리지》를 쓴 조선 중기 실학자 이중환은 '청량산은 백두대간 밖의 4대 명산 중에 하나이고, 우리나라 12명산에 든다'고 했다. 이처럼 유생들의 놀이터(?)가 되었으니 스님들의 도량은 점점 설 자리를 잃을 수밖에.

    어디서부터 시작할까. 청량산을 찾은 이들은 산길을 정하기가 만만치가 않다. 일단 청량산과 마주보고 있는 축융봉은 논외다. 이곳도 고려의 공민왕이 홍건적의 난을 피해 숨어왔다는 전설이 있을 만큼 산세가 예사롭지 않지만 청량산과 이어서 돌아보기에는 빠듯하다. 산행에 이골이 난 산꾼들만 시도한다. 문제는 청량산만 돌아보려고 해도 코스 짜기가 만만치 않다는 것이다. 열두 봉우리를 모두 섭렵하려면 최소 6시간은 잡아야 한다. 봉우리가 많다는 것은 그만큼 오르락내리락도 많다는 것. 청량산의 유명세에 취해 덜컥 산길을 길게 택하면 곡소리가 절로 날 수도 있다. 따라서 무리는 금물이다. 체력에 맞게 산길을 잡아야 한다. 다행스러운 것은 산길마다 청량산의 빼어난 절경을 즐길 만한 전망대가 곳곳에 마련되어 있다는 사실이다. 억지로 산 정상을 오르지 않아도 정상보다 더한 조망의 즐거움을 얻을 수 있다.

산길을 결정하는 좋은 방법은 우선 들러볼 곳을 먼저 정하는 것이다. 청량사는 기본이다. 청량산 전부를 감상할 수 있는 응진전과 김생이 수도했다는 김생굴도 놓칠 수 없다. 여기에 한 가지 더 추가할 것이 있다. 바로 하늘다리다. 봉화군이 야심차게 놓은 하늘다리는 자소봉과 선학봉에 걸쳐 있다. 다리의 높이는 70m, 길이는 90m다. 10여 년 전에 개장해 지금은 청량산 최고의 명물이 됐다. 이 다리의 등장으로 청량산의 산길이 새롭게 재편되기도 했다.

청량산을 돌아보는 가장 쉬운 방법은 입석을 기점으로 하는 것이다. 이곳에서는 산을 가로질러 청량사로 향한다. 입석 기점 오름길은 선학정에서 시작하는 길처럼 가파르지 않다. 산자락을 가로질러 가는 오솔길이다. 또 응진전을 경유하는 길과 산꾼의 집을 경유하는 두 갈래 길이 있어 오가는 길이 겹치지도 않는다. 이렇게 돌아보는 데는 1시간 30분이면 넉넉하다. 만약 하늘다리까지 목표로 한다면 입석에서 응진전을 경유, 김생굴까지 간 다음 자소봉을 거쳐 오르는 방법이 가장 좋다. 이 길은 하늘다리로 가는 이들을 위해 조성한 새로운 길이다. 돌아올 때는 하늘다리 전에 있는 뒷실고개에서 곧장 청량사로 내려온다. 청량사에서 입석으로 내려가는 길은 산꾼의 집을 경유한다.

입석에서 응진전으로 가는 길 초입은 울퉁불퉁한 돌길이다. 300m쯤 가면 갈림길이다. 왼쪽은 청량사, 오른쪽은 응진전으로 간다. 오른쪽 가파

'영남의 소금강'이라 찬사를 받는 청량산 암봉 너머로 영남을 두루 적시며 흐르는 낙동강이 보인다.

른 길을 택하면 외청량사라 불리는 응진전이다. 응진전은 깎아지른 금탑봉에 기대어 있다. 의상대사가 수도한 곳이라고도 하고, 공민왕을 따라 피난 온 노국공주가 거처하던 곳이라고도 한다. 응진전에서 산모퉁이를 돌아가면 총명수가 있다. 신라의 석학 최치원이 이 물을 마시고 정신이 맑아졌다는 샘이다. 그러나 지금은 음용불가다. 총명수를 지나자마자 청량산 최고의 전망대로 불리는 어풍대에 닿는다. 까마득한 낭떠러지 위에 서면 청량사를 가운데 두고 열두 봉우리가 병풍처럼 펼쳐진 청량산의 그림 같은 풍경이 펼쳐진다.

어풍대를 지나면 청량사와 자소봉으로 길이 나뉜다. 자소봉 가는 길은 하늘다리가 생기면서 청량산의 핵심을 돌아볼 수 있게 새롭게 개발한 코스다. 자소봉으로 가는 길에 신라의 명필 김생이 수도했다는 김생굴이 있다. 김생굴에 얽힌 재미난 전설이 있다. 김생이 이 굴에서 9년 동안 글씨를 연마한 후 스스로 명필이라 자부하며 하산할 준비를 했다. 그때 한 여인이 나타나 자신도 9년 동안 길쌈을 했으니 솜씨를 겨뤄보자고 했다. 컴컴한 어둠 속에서 김생과 아낙은 서로 솜씨를 겨뤘다. 시합을 마쳤을 때 아낙이 길쌈한 천은 한 올 흐트러짐이 없는데 반해 김생의 글씨는 엉망이었다. 자신의 부족함을 깨달은 김생은 다시 1년을 더 굴에서 정진한 후 세상에 나왔다.

김생굴을 지나 자소봉으로 오르는 길은 까다롭고 힘들다. 그러나 어느 길을 택해도 마찬가지다. 청량산이 암봉으로 불끈불끈 치솟은 산이기 때문에 가파른 산길은 피할 수 없다. 갈림길에서 자소봉을 경유해 하늘다리까지는 꼬박 1시간쯤 다리품을 팔 각오를 해야 한다. 하늘다리에서 돌아올 때는 뒷실고개에서 곧장 청량사로 내려온다. 장딴지가 얼얼할 정도로 가파른 길이다. 다행스러운 것은 오름길에 비해 청량사가 한결 가깝게 느껴진다는 것. 낭랑한 독경소리가 들리면 금방 청량사에 닿는다. 원효대사가 창건했다는 청량사에서 충분히 쉰다. 다리쉼을 하며 공민왕의 친필이라는 유리보전(琉璃寶殿)의 현판이나 저녁마다 탑돌이가 벌어지는 청량사탑을 둘러본다.

청량사에서 돌아오는 길은 쉽다. 선학정 방면으로 내려가다 왼편 산꾼의 집으로 방향을 잡으면 산비탈을 가로질러 입석으로 향한다. 오르막이 거의 없는 평탄한 오솔길이라 두런두런 이야기 나누며 걷기 좋다.

info.

위치 경북 봉화군 명호면 광석길 39 **교통** 자가운전 **코스&소요시간** 입석~응진전~청량사 왕복 2시간, 입석~응진전~자소봉~하늘다리~청량사~산꾼의집~입석 4시간 **난이도** 입석~응진전~청량사 ★★☆☆☆, 입석~하늘다리~청량사 ★★★★☆ **추천 계절** 봄, 가을 **준비물** 도시락, 물, 간식, 아이젠(겨울) **문의** 청량산도립공원(054-679-6653)

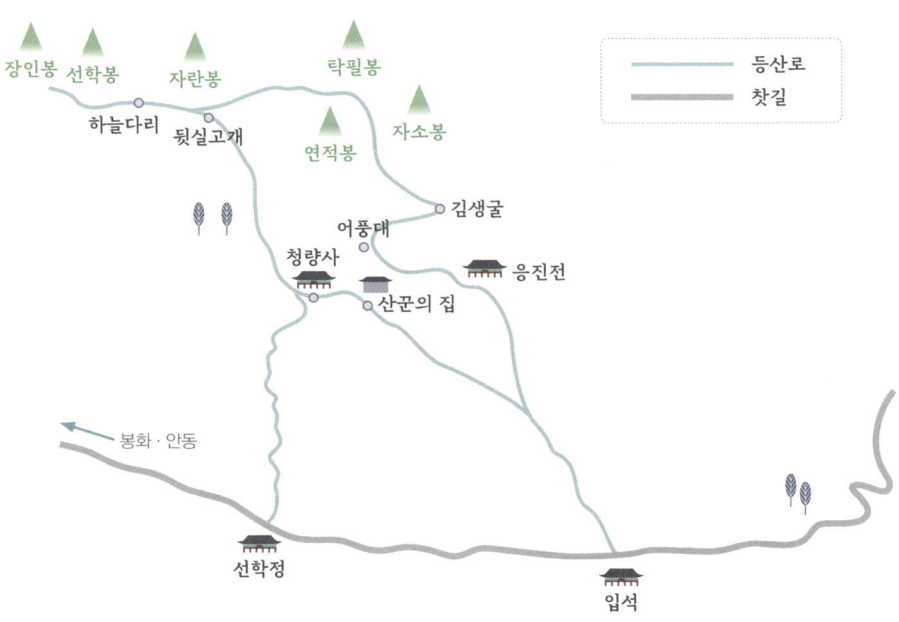

✱ 길라잡이

청량산은 어떻게 코스를 짜는가에 따라 산행 시간이 천양지차다. 또 쉬운 길도 있지만 가파른 산길을 오르내리는 험로도 있다. 특히, 등산로가 깎아지른 벼랑으로 난 곳이 많아 어린이들은 주의가 필요하다. 초등학교 저학년은 청량사만 목표로 하는 게 좋다. 고학년부터는 하늘다리에 도전하는 것도 해볼 만하다. 입석~응진전~김생굴~자소봉~탁필봉~연적봉~하늘다리~뒷실고개~청량사~입석 코스는 3시간 30분쯤 걸린다. 물과 간식, 도시락은 필수다.

※ **가는 길**

중앙고속도로 영주IC로 나와 5번 국도와 36번 국도를 이용, 봉화읍을 거쳐 간다. 서울 기준 3시간 30분 소요. 남쪽에서는 안동에서 35번 국도를 따라 도산서원을 거쳐 온다.

※ **맛집**

청량산 가는 길의 봉화 봉성면은 일명 '봉성숯불돼지(사진)'로 유명한 곳이다. 이곳은 주인장이 두툼하게 썬 돼지고기를 화덕에 구워서 내놓는다. 특히, 고기를 구울 때 춘양목에서 딴 솔잎을 이용하는 게 독특하다. 솔잎을 얹어 고기와 함께 구우면 잡냄새가 사라진다고 한다. 봉성면에는 현재 8집이 숯불구이를 하고 있다. 벌겋게 달군 숯 위에서 석쇠를 뒤집어가며 굽기 때문에 기름기가 쭉 빠진다. 따라서 껍데기까지 붙은 부위가 쫄깃쫄깃하고 맛이 있다. 특히, 당귀 잎에 싸먹으면 그 맛이 예술(?)이다. 솔잎돼지숯불구이 1만8,000원. 청봉숯불구이(054-672-1116)

※ **숙박**

청량산 도립공원 내에 펜션과 민박집이 여럿 있다. 들꽃피는펜션(010-6331-1477), 판타지아청량정(010-3303-0323). 청량산 입구에 있는 봉화청량산캠핑장(054-674-3381)에서 카라반과 텐트를 이용해 캠핑을 할 수 있다.

※ **볼거리**

청량산에서 안동으로 내려가는 길에 도산서원이 있다. 안동호의 푸른 물굽이 곁에 있는 이 서원은 퇴계 이황이 생전에 제자를 가르치던 곳이다. 그가 죽은 뒤 4년 후에 선조가 그 뜻을 기려 세웠다. 도산서원에는 해동 제일의 명필로 꼽히는 한석봉이 쓴 '도산서원' 현판이 걸린 전교당, 5,000여 종의 장서가 소장된 도서관 등 20여 채의 건물이 있다. 도산서원 앞 안동호에 잠겨 봉긋한 봉우리만 남은 사시단(사진)은 정조가 퇴계의 학덕을 기리고 영남 선비들의 사기 진작을 위해 특별과거인 '도산별과'를 보았던 곳이다.

영양,
왕피천

청정한 산골을 누비며
흐르는 쉼 없는 물길

✻ 오무~한천~오무

    그곳에는 강만이 있다. 강만이 막아선 산을 이리저리 휘감으며 흘러간다. 마을도 없다. 집도 없다. 사람도 없다. 밤이면 별들만 앞을 다투어 솟아날 뿐, 별보다 많은 반딧불이가 춤을 출 뿐이다. 왕피천은 때 묻지 않은 야생 그대로다.

    왕피천은 맑은 물의 대명사다. 이 땅의 이름난 물줄기들이 개발 바람에 휩싸이고 하나둘씩 오염되어갈 때 저 혼자 독야청청 맑은 물을 흘려보낸다. 경북 영양에서 시작하는 이 물줄기는 낙동정맥을 굽이굽이 돌아 울진을 거쳐 동해에 물을 부린다. 물줄기가 시작된 곳도, 이 산 저 산, 이 골짜기 저 골짜기의 물을 보태 몸이 제법 튼실해질 때도 강물은 산 속으로만 숨어서 돈다. 이 때문에 이 은밀한 강은 유리알처럼 투명하다. 강이 흘러가는 대부분이 사람의 마을과는 거리를 두고 있다. 길도 없다. 강물이 길이다. 강물을

산속으로만 숨어서 돌며 저 혼자 흘러가는 왕피천. 사람의 흔적조차 없는 이 땅의 마지막 오지다.

1	
2	3

1 한천마을을 1km 앞두고 만나는 작은 폭포. 폭포라 부르기 무색할 만큼 아담한 규모지만 이 구간에서는 물살이 가장 급한 곳이다. **2** 바위 아래 우물처럼 깊은 소가 있는 풍경. 왕피천에서 가장 흔하게 볼 수 있는 모습이다. 조약돌까지 훤히 비치는 물속에는 물고기 떼가 한가롭게 노닌다. **3** 왕피천의 다슬기. 왕피천은 청정지역의 상징인 반딧불이 서식지로 유명하다. 다슬기는 반딧불이 유충의 먹이로, 왕피천 일대에서는 채집이 금지됐다.

: 영양, 왕피천

거닐어 저벅저벅 걸어갈 수밖에 없는 곳이 널려 있다. 사람의 발길이 원천적으로 차단된다. 이는 왕피천이 계속 청정하게 흐를 수 있게 하는 큰 힘이다.

왕피천은 경북 영양군 수비면에서 발원해 동해에 닿을 때까지 60.95km를 흘러간다. 이 가운데 울진의 일부 구간을 제외하면 대부분이 오지로 남아 있다. 서울 같은 대도시에서 찾아가기도 어렵거니와 왕피천의 속살로 들어가는 길도 아예 없거나 있어도 아주 불편하다. 왕피천으로 드는 길은 울진 성류굴에서 거슬러 가거나 울진 서면 삼근리에서 고개를 넘어가야 한다. 다른 하나는 영양 수비면 수하리에서 물길을 따라 내려가는 것이다. 이 가운데 어느 것 하나도 편한 것이 없다. 산을 넘거나 물을 건너다니면서 찾아가는 수밖에 없다.

왕피천은 최근 환경경관보전지역으로 지정됐다. 보호구역 안에서는 어로나 야영, 취사 등의 행위가 일체 금지됐다. 이것은 왕피천의 자연생태적인 가치가 그만큼 크다는 증거다. 민물과 바닷물이 만나는 왕피천의 하류는 은어와 연어가 회귀하는 곳이다. 꺽지와 버들치, 쉬리 등 민물고기도 다양하다. 이처럼 먹이사슬이 풍부하자 수달과 산양 같은 멸종위기의 동물들이 이곳을 무대로 살아간다. 왕피천의 상류는 청정지역의 보증수표인 반딧불이 서식지로 유명하다. 이곳은 반딧불이 애벌레 유충의 먹이인 다슬기가 지천으로 널려 있다. 그러나 함부로 채취할 수 없다. 반딧불이 먹이를 위해 환경감시원들이 눈에 불을 켜고 지키고 있다.

왕피천에서도 가장 외진 곳을 꼽으라면 영양군 수비면 수하리에서 울진군 금강송면 왕피리 사이를 들 수 있다. 이곳은 영양군과 울진군의 경계가 되는 곳으로 길이 전혀 없다. 수하리 끝마을 오무에서 왕피리의 첫 마을 한천까지 6.5km는 오직 강물만이 흘러가는 무인지경이다. 오무마을을 벗어나는 순간, 인간의 흔적은 찾아볼 수 없다. 오직 태고의 자연만이 반긴다. 처음부터 끝까지 강물과 벗하며 걷는 특별한 체험을 할 수 있다. 사실, 왕피천의 탐방로는 울진군에 4개가 조성되어 있고, 여행자들은 대부분 이곳을 걸어본다. 그러나 정말로 아무것도 없는 오지의 정취를 느끼고 싶다면 수하리~왕피리 코스를 거닐어볼 일이다. 단, 걷기 여행 초보들이 함부로 갈 곳이 아니다. 그만큼 험하다. 이곳은 물길이 길이다. 계곡을 수없이 건너다니면서 길을 찾거나 아니면 계속 계곡을 첨벙이며 걸어 내려가야 한다. 따라서 걷기 여행 경험이 풍부한 이들과 동행해야 하며, 물길을 건너는 것에 대비해 로프 등의 안전장비도 갖추고 가는 게 좋다.

    수하리 오무마을에 닿으면 '도로 끝'이란 표지판이 있다. 이곳이 차로 갈 수 있는 마지막 지점이다. 왼편 언덕에 왕피천 탐방안내소가 있다. 우선 탐방안내소에 들려 실물과 똑같은 모형으로 제작한 지도를 보면서 왕피천을 입체적으로 살펴본다. 또 왕피천의 생태적 가치와 이곳을 무대로 살아가는 동식물도 알아본다. 특히, 한천마을까지 오가는 길의 상태나 강물의 수위에 대해서도 타진한다. 왕피천 트레킹에서 강물의 수위는 아주 중요한 고려사항이다. 왜냐하면 한천마을까지는 수도 없이 강물을 건너다녀야 하기 때문이다.

낙조에 붉게 물든 구름이 비친 왕피천. 왕피천은 우리나라 최고의 오지이자 청정한 자연을 자랑하는 생태계의 보고다.

오두마을에서 강을 건넌다. 강 건너에는 외벽을 근사한 꽃그림으로 장식한 귀틀집이 있다. 이곳을 지나서 강변을 따라가는 길은 좋다. 그러나 200m쯤 가면 다시 강을 건너게 되고, 마지막 민가를 지나면서는 길이 슬그머니 사라진다. 당황스럽다. 어디로 가란 말인가. 정답은 강이다. 강만 따라가면 된다. 강을 따라가는 방법은 각자의 몫이다. 강물을 텀벙거리며 걸어도 되고, 강기슭에 토끼길을 만들며 가도 된다. 분명한 것은 길의 존재 여부를 묻지 말라는 것이다. 지금 걷는 길이 길일 뿐이다. 그것이 왕피천의 법칙이다. 그렇다고 험하거나 못 갈 길은 아니다. 바위와 암반이 끊임없이 나타나지만 위협적이지 않다. 강물의 수량만 많지 않다면 요리조리 피해갈 곳이 있다.

우무마을에서 시작하는 왕피천의 이름은 장수보천이다. 이 물줄기가 산자락을 크게 한 바퀴 돌아나가면서 인적이 끊긴다. 혼자 출발했다면 끝까지 혼자일 확률이 99%다. 산이 장막을 친 깊은 강물 위에 혼자 있다는 상상을 해보라. 호젓하기도 하지만 적적하기도 하다. 길동무를 해줄 대상은 강물밖에 없다. 반면 누군가 동행이 있다면 두런두런 이야기 나누며 걷기에 그만이다. 걷다 지치면 강물에 몸을 던져 시원하게 물놀이를 할 수도 있다.

왕피천은 한천마을에 닿을 때까지 특색 있는 구간이 별로 없다. 강물이 지나는 계곡의 표정이 거의 비슷하다. 잔돌이 깔린 개울처럼 흘러가다 바위를 만나면 깊은 소를 이룬다. 가끔 급류를 이루며 물살이 거센 곳도 있지만 폭포라 부를 만큼 거창하지는 않다. 그러니 어느 곳도 이름이 없다. 딱히

부를 만한 지명도 없고, 길이 분명치 않으니 딱히 설명할 방법도 없다. 그저 물을 따라 걸어가라는 수밖에 일러줄 것이 없다. 그러나 분명한 것은 걸어볼 만큼 충분히 아름답다는 것이다.

오무마을에서 멀어질수록 달라지는 것이 있다. 강물의 굽이치는 각도가 점점 심해진다는 것이다. 초반은 강물이 곧장 흘러가는 것처럼 보이지만 중반을 지날 때면 점점 곡류가 심해진다. 강은 고작 200m를 가지 못해서 다시 휘어진다. 강물은 산이 막으면 이리 뒤틀고, 또 산이 막으면 저리 뒤튼다. 첩첩산중이다. 그렇게 산이 쉼 없이 막아서 강물이 잠시 숨을 고르는 곳에는 꺽지, 피라미, 버들치가 활보한다. 인적을 느껴도 별로 무서워하는 모양이 아니다. 왕피천은 예나 지금이나 물고기가 주인 노릇을 하고 있다.

굽이치며 흘러가는 강물을 따라 걷기도 지칠 때쯤 강을 막아선 산등성이에 인간의 흔적이 나타난다. 산비탈을 따라 밭을 만든 모습이 역력하다. 한천마을에 닿은 것이다. 강물을 따라 크게 한 바퀴 돌아가면 산중턱에 자리한 마을에 닿는다. 여기가 반환점이다. 이쯤에서 돌아서야 오무마을로 되돌아갈 수 있다. 그러나 왕피천은 여기가 끝이 아니다. 오히려 더 깊은 협곡을 이루며 동해로, 동해로 향해 간다.

info.

주소 경북 영양군 수비면 수하리 240(영양군생태공원사업소) **코스&소요시간** 오무~한천 왕복 4시간 30분 **난이도** ★★★★★ **준비물** 물, 등산화, 보조자일, 간식 **추천 시기** 여름~가을 **문의** 영양군청 문화관광과(054-680-6413)

✲ 길라잡이

오무~한천 구간은 돌아오는 교통편이 없다. 다시 계곡을 따라 원점 회귀해야 한다. 산악회의 안내산행을 따라가면 왕피천의 주요구간을 편도로 주파할 수 있다. 간식과 도시락, 물은 필수다. 긴 바지와 긴 소매 옷을 입는 게 좋다. 그렇지 않으면 갈대나 풀에 쓸려 피부가 아리다. 아쿠아 슈즈보다 물에 젖을 각오를 하고 등산화를 신고 가는 게 발이 편하다. 스틱이 있으면 강물을 건널 때 유용하다. 강물의 수위와 날씨는 반드시 체크한다.

걷기 여행 경험이 많은 이들에게 추천한다. 울진군에 있는 왕피천 생태탐방로는 모두 4개의 구간으로 되어 있다. 이 가운데 가장 극적인 왕피천의 계곡미를 볼 수 있는 곳은 2구간이다. 모든 생태탐방로는 예약제로 운영된다. 1일 탐방인원은 구간에 따라 50~100명이다. 탐방에 나서면 현지 마을 식당에서 제공하는 점심이나 도시락을 이용해야 한다. 왕피천에코투어사업단(054-781-8897)

* **가는 길**

영양 왕피천 오무~한천 구간은 영양군 수비면 수하리가 들머리다. 중앙고속도로 영주IC-38번 국도 봉화·울진 방면-노루재 삼거리-31번 국도 발리(수비 면소재지)-917번 군도-수하리 오무마을. 울진 왕피천은 금강송면이 들머리다. 중앙고속도로 영주IC-36번 국도-금강송 면소재지.

* **맛집**

수하리에는 식당이 없다. 수하청소년수련원 1km 전에 수하반딧불이휴게소(054-683-4871)는 다슬기탕과 민물매운탕 등을 판다. 수비면 소재지에 있는 강천숯불갈비회관(054-682-9043)의 숯불갈비는 현지인들이 추천하는 곳이다.

* **숙박**

수하리 오무와 송방마을에 민박집이 두어 곳 있다. 영양군자연생태공원관리사업소(054-680-5332)에서 펜션과 캠핑장을 운영한다. 수련원 앞은 좋은 물놀이터가 있어 여름철에 인기가 높다. 검마산자연휴양림(054-682-9009·사진)도 20분 거리에 있다.

* **볼거리**

수하청소년수련원 곁에는 영양군자연생태공원이 조성됐다. 이곳은 천체를 관측할 수 있는 천문대가 있다. 또 반딧불이의 생태를 알 수 있는 다양한 체험프로그램도 운영한다. 금강송의 빼어난 자태가 궁금하다면 검마산자연휴양림을 찾는 게 좋다. 조지훈 생가와 문학관도 멀지 않다. 울진 금강송면에는 불영사와 불영계곡이 있다. 또 금강소나무길도 있다.

청송,
주왕산

거기에,
내원동이 있었다

＊대원사~주왕암~1폭포~2폭포~3폭포~내원동

　주왕산(721m)은 속 깊은 산이다. 입구에서 보면 거대한 바위 3개가 전부처럼 보인다. 그러나 속내로 들기 시작하면 끝이 보이지 않는다. 주왕산의 깊은 속살로 안내하는 계곡은 주방천. 이 계곡으로 드는 길은 폭포와 바위가 어울려 천하절경이다. 여기에 봄에는 수달래가 만발하고 가을이면 돌단풍이 핏빛처럼 곱다.

　그리고 또 내원동이 있다. 아니 있었다. 주방천이 끝나는, 계곡 물길도 잠잠해지고, 계곡을 감싼 산도 낮아지는 곳에 마을이 있었다. 찻길도 닿지 않고, 전기도 들어오지 않는 오지마을이었다. 1970년대까지만 해도 이 마을에는 80가구 500여 명이 살았다. 초등학교 분교도 있었다. 1970년에 개교해 80년 폐교될 때까지 80여 명의 졸업생도 배출했다. 생필품을 1시간 넘게 등짐으로 날라야 하는 내원동 사람들의 삶은 고달팠다. 그래도 행복했다. 호

주왕산의 속 깊은 품으로 드는 주방천에 가을 깊다.
저 길을 따라 산으로 들어가면 내원동이 있다. 아니 있었다.

롱불로 밝힌 칠흑 같은 밤에도 서로 의지하며 오순도순 살았다. 그랬던 내원동이 사라졌다. 2007년 국립공원관리공단이 주방천 수질 보전을 이유로 마을을 허물어버렸다. 아이들의 추억어린 학교가 허물어졌다. 장승으로 가꾸어 놓았던 마을도 순식간에 사라졌다. 가슴까지 내려오는 턱수염이 자랑이던 사슴할아버지도 끝내 눈시울을 붉히며 마을을 떠났다. 우리나라에서 손꼽던 아름다운 오지마을은 그렇게 사라졌다.

주방천은 내원동으로 가는 길이다. 지금은 내원동이 사라졌지만 마을로 가는 길은 여전히 사랑을 받고 있다. 계곡 초입의 병풍처럼 늘어선 바위들의 늠름한 자태는 언제나 사람들의 탄성을 자아낸다. 그렇게 1시간쯤 혼을 쏙 빼놓을 듯이 아름다운 비경이 펼쳐지다 계곡은 어느새 온순한 모습으로 변한다. 그 끝에 지금은 사라진 내원동이 있었다. 마을은 사라지고 없지만, 그 길로 드는 주방천은 사시사철 절경을 뽐내며 사람들의 발길을 받아내고 있다.

주왕산으로 드는 첫 관문은 대전사다. 이곳은 주왕산의 얼굴이라고 해도 과언이 아니다. 거대한 입석처럼 솟은 3개의 바위 봉우리 아래 터 잡은 대전사의 모습은 주왕산을 이야기할 때 단골로 등장한다. 키 높이를 마주하며 연이어 서 있는 3개의 암봉은 성난 남성의 그것처럼 힘이 넘친다. 이 바위들이 있어 주왕산은 한때 석병산(石屛山)이라 불렸다.

일주문도 사천왕도 없는 대전사는 신라 문무왕 12년(672년)에 의상대사가 창건했다고 전해진다. 보광전 앞뜰에 서 있는 2개의 석탑에 새겨진 조

주방천에서 가장 아름다운 풍경을 간직한 학소대.
마주보는 바위가 주방천을 지키고 선 석문처럼 보인다.

1	
2	

1 주방천은 폭포와 기암이 어울려 절경인 곳도 있지만 시골 개울처럼 편안한 곳도 있다.
2 주방천 등산로에 나무로 만들어 놓은 시와 사진이 있는 앨범.

: 청송, 주왕산

각과 주변에서 발굴된 유물을 종합해 볼 때 통일신라 시대로 추측된다. 그러나 여러 차례에 걸친 화재로 본래의 건물은 남아난 게 없다. 복원된 당우도 보광전과 명부전이 전부일 뿐, 나머지는 주춧돌이 다다. 그나마 새로 복원한 석탑에 맞춰 끼운 일부의 석재가 눈여겨볼 만하다.

대전사를 빠져 나와 1폭포를 향하는 길은 맑은 계곡이 자랑이다. 길은 시골길처럼 정겹다. 그러나 1km 가서 주왕암 갈림길에 서면 대전사에서 선보였던 주왕산의 헌걸찬 바위들이 다시 모습을 드러낸다. 갈림길에서 오른쪽으로 자하교를 건넌다. 이 길을 따라 200m 가면 주왕암이다. 통일신라 시대 창건됐다는 이 암자에서 50m를 들어가면 주왕굴이 있다. 바위들이 마치 석문처럼 마주본 채 서 있는데, 그 속으로 들어가면 길이 미로처럼 얽혀 있다.

주왕암에서 1폭포로 가는 오솔길이 있다. 이 길은 계곡 왼편으로 난, 신작로처럼 넓은 주 등산로와는 비교할 수 없을 만큼 아름답다. 사람 하나 간신히 오갈 수 있을 만큼 좁다. 대부분 큰 길을 이용하는 탓에 언제나 한갓지다. 이 오솔길의 즐거움은 또 있다. 길 중간에 마당바위를 조망하는 전망대가 있다. 이 전망대에 올라서면 주방천 너머로 거대한 바위가 버티고 서 있다. 미국 요세미티국립공원의 하프돔과 견주어도 밀리지 않을 만큼 당당한 자태다.

두 길이 다시 만나는 것은 학소대. 이곳부터 1폭포에 이르는 길이 주방천에서 가장 아름답다. 2폭포와 3폭포가 있지만 규모나 폭포를 감싼 바위의 형국으로 보나 1폭포와는 비교가 되지 않는다. 1폭포는 폭포의 규모가 작은 편이다. 그러나 이 폭포를 감싸고 돌아나간 바위들이 예술이다. 마치 바위들이 비밀의 문처럼 우뚝 버티고 서 있다. 이 바위들은《알리바바와 40인의 도둑》에 나오는 석문처럼, 주문을 잘못 외우거나 마음에 들지 않는 인간이 나타나면 덜컹 하고 저절로 닫혀버릴 것처럼 은밀하다. 붉은 바위 속에 숨겨진 비밀의 도시 요르단 페트라도 이처럼 은밀하지는 못할 것이다. 그 사이로 선녀탕과 구룡소를 돌아 나온 계곡물이 새하얀 포말을 내뿜으며 바위 허리를 껴안고 쏟아져 내려온다.

1폭포를 지나면 길은 점점 오솔길로 변한다. 번잡한 길과 작별한다. 2폭포는 오른쪽으로 한발 비껴나 있다. 200m 가량 들어가면 2단으로 떨어지는 폭포와 마주한다. 설악산 십이선녀탕계곡의 복숭아탕과 흡사하다. 1단에서 떨어지는 폭포 아래가 마치 복숭아처럼 파여 있다. 그러나 1폭포와 비교하면 수수한 편이다.

2폭포 갈림길에서 400m 더 올라가면 3폭포다. 잠시 갈등이 생기는 곳이다. 제대로 보려면 계곡으로 내려가서 봐야 한다. 그러나 올라올 일을 생각하면 마음이 게을러진다. 눈을 질끈 감고 무조건 내려가야 한다. 30m 높이의 3폭포도 2단으로 되어 있다. 주방천의 폭포 가운데 규모로 본다면 가장 크다. 이 폭포의 아름다움을 좌우하는 것은 수량이다. 여름철 소나기가 퍼붓거나 장마철에는 장쾌한 물줄기를 선사한다.

주방천은 3폭포를 지나면 다시 무슨 일이 있었냐는 듯이 온순한 계곡

폭포와 바위가 어울린 주방천을 지나 상류로 가면 아늑한 터가 있다. 억새가 웃자란 저곳이 지금은 사라진 내원동 마을이 있던 자리다.

으로 돌아온다. 사람들은 대부분 이곳에서 발길을 돌린다. 그들의 관심사는 주방천의 절경이다. 그러나 내원동을 기억하는 이들은 몇 걸음 더 보탤 줄 안다. 실개천처럼 포근한 모습으로 변한 주방천을 끼고 아늑한 오솔길을 걸어 내원동으로 향한다. 3폭포에서 내원동까지는 1km 거리다.

순한 계곡을 따라가다 보면 하늘이 툭 트이면서 계곡 안이 뻥뻥하게 펼쳐진다. 내원동이다. 이정표도, 특별한 표식도 없지만 사람들은 첫눈에 안다. 이곳은 사람이 살던 곳, 내원동이 있던 자리라는 것을. 마을의 기본은 무엇보다 부쳐 먹을 땅이다. 내원동은 넓다. 바위와 폭포로 막아선 주방천과는 전혀 딴판이다. 시골의 어느 풍경과 흡사하다. 이 깊은 계곡에 이처럼 너른 터가 있어 민초들이 임진왜란을 피해 들어왔다. 많을 때는 800여 명이나 되는 마을 사람들을 모두 먹여 살렸다.

내원동 마을 어귀에는 서낭당이 있다. 사람들이 지극정성으로 섬기는 굵은 당산나무와 오가는 길에 마음으로 하나씩 쌓았을 돌탑이 있다. 서낭당 앞은 탁족하기 좋은 개울이다. 아이들은 족대 하나면 여름 하루를 보내고도 남을 만큼 물고기가 많다. 그러나 마을은 없다. 사람들은 모두 떠났다. 학교가 있던 자리는 칡넝쿨이 점령했다. 씨알 굵은 감자가 나던 밭은 어른 키를 넘는 억새의 차지다. 오직, 마을이 있던 흔적은 허물어지지 않고 남은 돌담뿐이다.

세월은 흘러간다. 세상은 변한다. 전기 없는 마을 내원동이 사라진 것처럼. 내원동은 길손에게 잊히고, 사라지는 것에 대한 쓸쓸한 그리움을 안겨

준다. 다시 주방천을 되짚어 내려오는 길, 소중한 무엇을 잃어버린 것처럼 허전하다.

내원동의 쓸쓸함을 달래려면 주산지로 가야 한다. 주왕산에서 주산지(注山池)를 안 보고 가면 두고두고 후회한다. 계곡형 저수지의 원류로 불리는 주산지는 봄가을로 신비로운 모습을 자아낸다. 봄에는 버드나무가 우거진 신록이, 가을이면 불타는 단풍이 호수에 비쳐 사람들의 가슴을 뛰게 한다.

주산지는 270년 전에 만들어졌다. 너비 100m, 폭 50m, 수심 7.8m로 그다지 큰 저수지는 아니다. 그러나 아무리 가뭄이 들어도 물이 마른 적이 없다. 이 덕택에 저수지에는 수령 150년생 능수버들과 왕버들 20여 수가 자라며 계절마다 각기 다른 아름다움을 연출한다. 주산지는 김기덕 감독이 메가폰을 잡은 영화 〈봄, 여름, 가을, 겨울 그리고 봄〉의 촬영지로 알려지면서 주목받기 시작했다.

주차장에서 저수지까지는 호젓한 산길로 800m. 변변치 않은 계곡처럼 보이지만 언덕을 넘어서는 순간 새로운 세상이 펼쳐진다. 물속에 뿌리박고 사는 왕버들 20여 수가 고즈넉한 풍경을 자아낸다. 왕버들 가운데는 생명이 다해 몸통만 남은 녀석도 있다. 그런가 하면 아직도 허리를 꼿꼿하게 펴고 싱싱한 연둣빛 가지를 늘어트린 것들도 있다. 특히, 이 나무들은 가뭄이 들어 뿌리가 드러날 때는 그로테스크한 모양으로 변해 사람들을 전율케 한다.

주산지는 한낮에는 재미가 없다. 이른 아침이나 해 질 녘에 찾는 게 좋다. 특히, 밤과 낮의 일교차가 큰 봄가을 이른 아침에는 물안개가 자욱하게 피어나 신비로운 장관을 연출한다. 저녁에는 산 그림자가 아스라이 내려앉으며 어둠이 소리 없이 산자락을 타고 내려온다. 가끔 물고기 자맥질하는 소리가 고요를 깰 뿐 사위는 그야말로 적막강산이다. 저수지의 표면은 물걸레질을 해놓은 것처럼 잔잔하다. 그곳에 또 하나의 세상이 펼쳐지는 것이다.

info.

위치 경북 청송군 주왕산면 공원길 169-7 **교통** 자가운전, 버스 **코스&소요시간** 상의주차장~대원사~주왕암~1폭포~2폭포~3폭포~내원동 왕복 4시간 **난이도** ★★★☆☆ **추천 시기** 봄~가을 **준비물** 물, 간식, 도시락 **문의** 주왕산국립공원(054-870-5300)

✻ 길라잡이

상의주차장에서 내원동까지는 편도 5km다. 그러나 오르막이 거의 없어 아이들도 편하게 갈 수 있다. 왕복 4시간이면 넉넉하다. 갈 때는 물과 도시락을 꼭 가져간다. 내원동의 양지바른 곳에 앉아 먹는 도시락은 꿀맛이다. 주왕암~학소대 구간은 계곡 오른쪽으로 난 오솔길로 걸어보길 권한다. 단, 오솔길이 가파른 산비탈을 가로질러 나 있어 어린이들은 주의가 필요하다. 주산지는 상의주차장에서 차로 15분 거리다. 주산지는 타이밍이 중요하다. 가급적 이른 아침이나 늦은 오후에 가는 게 좋다.

＊ 가는 길

주왕산이 있는 경북 청송은 서울에서 가장 먼 곳 중 하나였다. 그러나 상주~영덕고속도로가 열리면서 가는 길이 한결 편해졌다. 청송IC에서 청송읍을 거쳐 주왕산 상의주차장까지는 40분쯤 걸린다. 서울에서 출발하면 3시간 30분쯤 걸린다. 주왕산만 갈 요량이라면 고속버스를 이용하는 것도 방법이다. 주왕산까지는 동서울터미널에서 고속버스가 1일 2회 운행된다. 안동을 경유해 주왕산터미널로 가는 버스 편도 있다. 주왕산에서 주산지로 가는 시내버스도 있다.

＊ 맛집

주왕산 동쪽에서 솟는 달기약수 주변에는 약수로 달여 내는 백숙이 유명하다. 약수터 주변의 식당 20여 집이 같은 메뉴를 내놓는데, 코스 요리로 나오는 '토종닭 불고기'가 인기다. 우선 닭고기를 다져서 고추장 양념에 무친 후 숯불에 석쇠로 구워내는 닭 불고기가 입맛을 사로잡는다. 다음으로 백숙과 죽이 함께 나온다. 달기약수를 넣고 푹 곤 국물이 진하다. 반주로 사과막걸리(사진)를 곁들여도 좋다. 3인 기준 4만5,000원. 서울여관식당(054-873-2177)

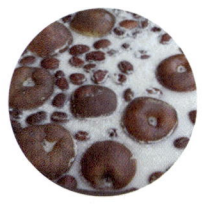

＊ 숙박

주왕산 입구에 민박과 모텔이 많다. 세련되고 깨끗한 도시의 숙박시설을 기대하는 것은 무리다. 주왕산온천관광호텔(054-874-7000), 주왕산모텔(054-874-1611) 상의매표소 왼편에는 국립공원에서 운영하는 상의야영장(054-870-5341)도 있다.

＊ 볼거리

파천면 덕천리에 있는 송소고택(www.송소고택.kr/054-874-6556)은 조선 영조 때 만석지기였던 심처대의 7대손 송소 심호택이 1880년 지은 99칸짜리 저택이다. 일반인도 하룻밤 묵어가며 조선 양반가의 호사를 누려볼 수 있다. 방의 규모에 따라 5만~15만 원까지 한다.

예산,
덕숭산

시대의 선승 만공,
그가 걸어간 만행의 길

❋ 수덕사~소림초당~만공탑~정혜사

부처의 가르침을 따르고자 하는 학승에게 수행의 길보다 중요한 것은 없다. 수행자는 세속의 물욕에서 벗어나야 하는 것은 기본이다. 오직 스스로 던진 화두를 끌어 앉고 마음을 비워야 한다. 몸을 바로 하는 것도 불문가지다. 더럽거나 추한, 불경스러운 것들과는 분명하게 일별해야 깨달음을 얻을 수 있다.

그러나 이것은 어디까지나 수행의 일반론에 불과하다. 역대 고승대덕의 삶을 되돌아보면 딱히 위의 길이 정답은 아니다. 오히려 만행을 통해 깨달음을 갈구했던 스승도 있다. 큰스님 가운데는 깨끗함과 추함, 탐욕과 절제 등의 경계에 구애받지 않고 거침없는 행보를 보였던 분도 여럿 있다. 진정한 해탈은 어느 하나의 생각과 틀에 자신을 가두는 게 아니라는 것을 실천으로 보여준 것이다. 오늘날 선승의 계보를 잇게 만든 경허(1849~1912) 같은

한 스님이 수덕사에서 산길을 걸어 정혜사로 가고 있다. 이 길은 만행으로 유명한 조선 말기의 선승 만공 스님을 만나러 가는 길이다.

분들이 그런 스승이다.

　만행을 통해 깨달음을 얻었던 스님 가운데 만공(1871~1946)이 있다. 경허의 수제자이기도 한 만공은 근대 최고의 선승으로 평가받는다. 나이 서른에 예산 덕숭산 정혜사의 조실이 된 스님은 숱한 기행으로 유명하다. 이를테면, 만공은 젊은 여자의 벗은 허벅지를 베지 않고는 잠을 이루지 못했다는 일화가 유명하다. 만공의 이 같은 행보는 일곱 여자의 허벅다리를 베고 잤다는 '칠선녀와선(七仙女臥禪)'이란 말을 낳게 했다.

　만공의 기행은 유홍준 교수가 쓴 《나의 문화유산답사기》에도 잘 나와 있다. 이 책에 따르면 만공은 어느 날 힘한 산길을 한 스님과 동행한다. 그런데 동행한 스님이 힘들어서 더 못가겠다고 하자 만공은 갑자기 화전을 일구던 부인을 덥석 안고 입맞춤을 했다. 이에 놀란 부인의 남편이 쇠스랑을 들고 죽인다고 쫓아오사 둘은 죽을힘을 다해 도망친다. 그렇게 고개를 넘어 안심해도 되는 상황이 되자 동행승은 만공을 꾸짖는다. 그러자 만공은 천연덕스럽게 '이 사람아 그 덕에 고개를 넘지 않았는가'라고 되받는다.

　어느 날 저녁 공양을 들고 난 만공은 거울 앞에 서서 '이 사람 만공! 자네와 나는 칠십여 년을 동거동락했지만 오늘이 마지막일세. 그동안 수고 했네'라는 말을 남기고 열반에 들었다. 선과 악, 성스러움과 추악함의 경계를 무시로 넘나들며 그다운 도의 길을 연 만공. 그가 있어 일제의 집요한 한국불교 말살 정책에도 선승의 법맥을 이을 수 있었다.

　만공을 만나려면 수덕사부터 들러야 한다. 수덕사에서 만공이 조실로 있던 정혜사까지 산길을 따라간다. 모두 1,080계단으로 된 길을 따라가다 보면 만공의 사리탑과 미륵불, 견성암 등의 유적을 차례로 만난다. 수덕사는 청도 운문사, 공주 동학사와 함께 우리나라 3대 비구니 사찰로 꼽는다. 60년대 '수덕사 여승'이란 유행가가 만들어질 정도로 대중들의 사랑을 받은 절이다. 그러나 수덕사는 엄밀히 말하면 비구니 사찰은 아니다. 국내 최초의 비구니 선방인 견성암과 환희대가 있을 뿐이다.

수덕사는 조계종 5대 총림 가운데 하나인 덕숭총림을 형성, 세력을 단단히 펼치는 절이다. 경허와 만공이 이 절에 주석했다는 것만으로도 선승의 계보는 분명하다. 일제 강점기에는 신세대 여성으로 불꽃같은 청춘을 보내고 불가에 귀의한 김일엽 스님(1896~1971)이 이곳에서 사미계를 받았다. 김일엽 스님은 1920년대 여성지 《신여자》를 창간하며 여성운동을 주도했다. 38세에 불가에 귀의한 후 속세에서 수덕사를 비구니 도량으로 착각하도록 하는데 일조(?)했다. 《청춘을 불사르고》란 시집을 펴내기도 했다.

수덕사 입구에는 대웅전만큼이나 정감이 가는 초가집이 있다. 수덕여관이다. 100여 년 가까이 여관으로 이용하던 유서 깊은 집이다. 화가 나혜석(1896~1948)이 이혼의 아픔을 달래며 몇 해 동안 머물던 곳이기도 하다. 수덕사로 출가한 김일엽 스님이 아들과 감격적인 상봉을 한 곳도 이곳이다. 그리고 또 한국 미술을 한 단계 끌어올렸다는 고암 이응로(1904~1989)의 발자취가 서린 곳이다.

고암이 이 집을 구입한 것은 1944년. 고암은 선배 화가 나혜석을 만나

1
2

1 수덕사는 높은 곳에 터를 잡은 절이다. 대웅보전이 있는 마당에 서면 세상이 발아래 펼쳐진다. **2** 수덕여관에 있는 고암 이응로 화백의 암각화. 100년 세월의 수덕여관은 숱한 사연의 무대다.

기 위해 종종 이곳을 찾았다. 그러다 이내 그녀가 떠나자 집을 사들였다. 고암은 한국전쟁 때 이 집을 피난처로 사용하며 수덕사 일대 풍경을 화폭에 담았다. 수덕여관에 머물던 고암은 1958년 스물한 살 연하의 연인을 만났다. 피할 수 없는 인연을 직감한 고암은 연인과 함께 훌쩍 프랑스로 떠났다. 수덕여관에는 본부인만 홀로 남겨졌다. 본부인은 홀로 여관을 꾸려가며 고암을 기다렸다. 고암은 그 후 한 번 더 수덕여관을 찾았다. 동백림 사건에 연루되어 1년간 옥고를 치룬 1969년의 일이다. 고암은 두 달간 수덕여관에 머물면서 뒤뜰 바위에 추상화를 새겼다. 문자에서 상상력을 얻어 그린 암각화는 그 후 수덕여관의 명물이 됐다. 그리고 다시 훌쩍 떠났다.

고암에게 버림받았지만 고암의 옥바라지는 물론 회고전까지 열어주며 오매불망하던 본부인은 2001년 세상을 등졌다. 그 후 수덕여관은 빈집으로 버려졌다. 지금은 이응로 사적지로 복원됐다. 그러나 복원된 초가에는 사람 냄새가 나지 않는다. 껍데기만 반듯하게 고쳐 놓았을 뿐, 이곳을 스쳐간 숱한 사람들의 사연과 추억은 되돌려 놓지 못했다. 오직 고암이 그린 암각화만 예나 지금이나 그 자리를 지킬 뿐이다.

수덕사는 일주문과 절 건물 사이에 으레 있기 마련인 진입로가 없다. 일주문 밖으로 한 걸음만 나가면 상가와 식당이다. 일주문 밖이 사바인 셈이다. 또 산문을 지나 몇 걸음만 떼면 당우가 즐비하다. 예전에는 일주문에서 절까지 짧지만 활처럼 휘어져 돌아가는 길이 있어 한적한 맛이 있었다. 그러나 최근에 아파트 조경공사를 하는 것처럼 대웅전을 향해 곧장 으리으리한 돌계단을 놓아 풍치를 잃었다. 일주문을 지나면 대웅전까지 계단이 이어진다. 중간에 천왕문을 비롯한 누각이 계단을 이루며 자리한다. 계단 마지막을 지키고 선 황하정루를 지나면 눈에 익은 건물 하나 올려다보인다. 대웅전이다.

국보 49호인 대웅전은 수덕사의 얼굴이다. 영주 부석사 무량수전, 강진 무위사 극락보전과 함께 우리나라 3대 고건축물로 불린다. 고려 충렬왕 34년(1308년)에 건립됐으니, 700년 세월을 견뎌온 셈이다. 숱한 전란을 용케도 피한 채 지금까지 건재하다는 것이 믿기지 않는다. 대웅전은 미학적 관점에서도 매우 높은 점수를 받는다. 기교나 화려한 장식을 생략한, 단순하면서도 균형감을 강조한 맞배지붕 건물의 참맛을 느끼게 해준다. 대웅전의 균형미와 안정감은 정면에서 보는 것보다 측면에서 볼 때 한결 돋보인다. 측면은 다섯 개의 배흘림기둥이 일정한 간격을 유지하고, 돌출된 들보가 아름답게 면을 분할하고 있다.

대웅전 마당에서 바라보는 세상도 시원하다. 축대를 쌓아 올린 마당 끝에는 느티나무 고목과 노송이 선승처럼 서 있다. 그 뒤로는 사하촌과 마주선 산이 보인다. 특히, 마주보이는 산은 원근감으로 인해 수덕사가 꽤 높은 자리에 터 잡은 절로 여기게 만든다. 대웅전 왼편에는 일부러 다듬어 놓은 것처럼 둥근 바위가 있다. 관음바위다. 이 바위에는 수덕사 창건 설화가 스며 있는데, 속세의 부질없는 욕망을 이겨내고 불가에 귀의하자는 게 줄거리다. 또 이 설화에는 수덕사가 비구니 절이라는, 속세의 달짝지근한 시선을

수덕사에서 정혜사로 가는 길 초입에는 사면에 부처가 새겨진 석불이 있어 불자라면 걸음을 멈추고 두 손을 모으게 된다.

일갈하는 단호함이 배어 있다.

옛날 수덕이란 젊은이가 있었다. 수덕은 어느 날 사냥을 나갔다가 덕숭이란 아리따운 처녀를 만난다. 첫눈에 사랑에 빠진 수덕은 처녀에게 청혼을 하지만 번번이 거절당한다. 그 후 수덕이 상사병을 앓자 처녀는 조건부 청혼을 허락한다. 일찍 여읜 부모를 위해 절을 하나 지어달라는 조건이다. 이에 수덕은 처녀와 혼인할 욕심에 서둘러 절을 짓는다. 그러나 절은 완공될 무렵이면 불이 나 두 번이나 재가 되고 말았다. 세 번째는 처녀를 사모하는 마음이 아닌, 부처를 향한 간절한 마음으로 지었다. 절이 완공된 후 수덕은 처녀와 결혼한다. 처녀는 수덕에게 부부지만 잠자리는 따로 해달라고 부탁한다. 그러나 젊은 수덕의 끓는 피를 어찌 식힐 수 있을까. 수덕이 처녀를 향한 불같은 욕정을 이기지 못하고 강제로 껴안자 천둥번개가 치며 홀연히 처녀가 사라졌다. 처녀가 사라진 자리에는 버선 한 짝과 버선을 닮은 꽃이 피어 있었다. 수덕은 그제야 처녀가 관음보살의 현신이란 것을 깨닫고 절은 수덕, 산은 덕숭이라 이름 지은 후 불가에 귀의했다고 한다. 그때 피어난 버선 모양의 꽃은 해마다 관음바위에 피어나 불자들의 불심을 돋우고 있다.

관음바위를 지나면 정혜사로 오르는 길이 있다. 근대 최고의 선승 만공의 자취가 어린 길이다. 정혜사로 가는 길에 초가로 이엉을 얹은 소림초당과 향운각, 관음보살상, 만공의 사리탑이 있다. 수덕사에서 정혜사까지는 처음부터 끝까지 돌계단이다. 암자를 오르내리기 위해 조성한 길이다. 계단 수는 1,080개. 혹자는 1,200계단이라고 말한다. 그러나 계단의 숫자는 의미가 없다. 분명한 것은 1080배를 드리는 정도는 아니지만 올라가기가 꽤나 힘이 든다는 것이다. 처음에는 계단 수를 세며 기세 좋게 출발하는 이도 있다. 그러나 100개도 세지 못하고 중단한다. 숨이 가빠지면 정신이 딴 곳으로 향하기 때문이다.

수덕사에서 500m쯤 오르면 계곡에 매끈하게 빠진 바위가 있다. 그 바위 아래 작은 초가가 자리했다. 소림초당이다. 이 초당은 만공의 제자 벽초 스님이 스승을 위해 지은 것이다. 초당을 지나면 향운각이다. 절 입구에 커다란 관음보살 석불이 있다. 한편에는 대숲이 있고, 맑은 석간수가 흐르는 샘이 있다. 이 샘물로 가쁜 숨을 달랜다. 향운각 마당에 서면 숲에 안긴 소림초당의 아늑한 전경이 든다. 그러나 향운각의 산문은 언제나 닫혀 있다. 향운각에서 길은 능선을 따라 이어진다. 활엽수림은 끝이 나고 솔숲이 시작된다. 그 끝에 정혜사가 있다. 수덕사에서 1km 거리다. 정혜사 입구에 만공의 부도비가 있다. 지구처럼 둥근 돌을 올려놓은 모양이 독특하다. 지붕돌을 얹어놓는 이전의 부도비와는 다른 조형미를 보여준다.

정혜사의 산문도 굳게 닫혀 있다. 여기서 덕숭산의 선풍을 읽을 수 있다. 경허와 만공으로 이어지는 선승의 맥을 따르고 있는 것이다. 대웅전을 보려고 달려오는 관광객까지는 어쩌지 못해도 암자와 같은 수행 공간만큼은 확실히 걸어 잠그고 참선에 정진하겠다는 것이다. 정혜사에서 덕숭산 정상으로 가는 길목에는 해우소가 있다. 벽돌로 쌓은 재래식 건물이다. 해우소 뒤로는 2단에 걸쳐 채마밭이 있다. 정혜사의 식탁에 오르는 채소는 이곳에서 기른다. 해우소에서 나오는 거름으로 천 평쯤의 채마밭을 가꾸고, 그곳에서 기른 채소로 다시 식탁을 차리는 것이다. 그것만으로도 불가에서 말하는 윤회의 한 단면을 느낄 수 있다.

정혜사에서 덕숭산 정상까지는 1km를 더 오른다. 정혜사를 지나서는 특별하게 주목할 만한 것은 없다. 정상을 밟는 것에 의미를 두자면 모를까 정혜사에서 발길을 돌려도 아깝지 않다.

수덕사는 선승의 계보를 잇는 절이다. 번뇌를 사르고 깨달음에 이르려는 많은 스님들이 이 절에 머물며 수행하고 있다.

| info. |

위치 충남 예산군 덕산면 수덕사안길 70(수덕사) **교통** 자가운전 **코스&소요시간** 수덕사~소림초당~미륵불~만공탑~정혜사 왕복 2시간 **난이도** ★★☆☆☆ **추천 계절** 봄, 가을, 겨울 **준비물** 물 **문의** 예산군 문화관광과(041-339-8930)

✽ 길라잡이

수덕사에서 정혜사로 오르는 길은 길지 않다. 다만, 계단으로 되어 있어 힘이 든다. 수덕사를 빠져 나오면 왼쪽으로 계곡을 건너가는 몇 개의 길이 있어 혼란스럽다. 그러나 계곡을 따라 난 큰 계단길만 따르면 된다. 정혜사에서 덕숭산 정상으로 가는 길도 여러 갈래로 흩어진다. 두 번째 채소밭 오른쪽으로 가면 이정표가 있다. 수덕사~정혜사는 올라가는 데 30분, 내려오는 데 20분 걸린다. 정혜사에서 덕숭산 정상도 20분 거리다.

✽ 가는 길

서해안고속도로와 당진영덕고속도로를 이용해 고덕IC로 나온다. 40번 국도 홍성 방면으로 길을 잡고 덕산 면소재지를 지나면 수덕사 진입로가 나온다.

✽ 맛집

수덕사 입구는 산채백반을 하는 집이 많다. 수덕여관은 없어졌지만 산채 상차림은 여전하다. 산나물과 제철에 맞는 신선한 채소류, 된장찌개, 굴비, 도토리묵, 메밀전, 버섯구이 등 20여 가지 반찬이 나온다. 여기에 북어처럼 찢어서 고추장에 재운 것을 화덕에서 구운 더덕구이까지 얹어줘야 제대로 먹은 것이다. 중앙식당(041-337-6677) 산채더덕정식 1인분 1만 5,000원. 스플라스 리솜 앞 장수갈비(041-338-3297)는 돼지갈비도 맛있지만 갈치와 고등어조림(1만 원·사진)을 잘한다. 생물을 이용해 무가 푹 무르도록 지져낸다.

※ 숙박
수덕사와 덕산온천은 서울 기준으로 당일여행지로 충분하다. 숙박을 하려면 수덕사 입구보다 덕산온천 지구에 있는 숙박시설을 이용하는 게 좋다. 타워호텔(041-338-1155), 퍼스트모텔(041-338-1077).

※ 볼거리
수덕사에서 가까운 거리에 있는 덕산온천은 500년 전인 조선 시대부터 욕객이 몰려들었던 유서 깊은 곳이다. 일제 때 온천지구로 개발되어 해방 후에는 우리나라 제일의 온천관광지로 이름을 날렸다. 1990년대 후반 새 단장을 하고 나서 한해 평균 120만 명이 찾는다. 특히, 스플라스 리솜(www.resom.co.kr·사진)은 온천수를 이용한 워터파크가 있어 많이 찾는다.

길에서 쉬다

초판 1쇄 2020년 7월 29일

지은이 김산환
발행인 김산환
책임편집 윤소영
디자인 기조숙
펴낸 곳 꿈의지도
인쇄 다라니
출력 태산아이
종이 월드페이퍼

주소 경기도 파주시 경의로 1100, 604호
전화 070-7535-9416
팩스 031-947-1530
홈페이지 www.dreammap.co.kr
출판등록 2009년 10월 12일 제82호

ISBN 979-11-89469-90-0-13980

지은이와 꿈의지도 허락 없이는 어떠한 형태로도 이 책의 전부, 또는 일부를 이용할 수 없습니다.
※ 잘못된 책은 구입한 곳에서 바꿀 수 있습니다.